한국누정시조 韓國樓亭時調

국립중앙도서관 출판예정도서목록(CIP)

한국누정시조 : 김창현 정형시집 / 지은이: 김창현. -- 대전
: 이든북, 2018
  p. ;   cm. -- (이든기획시선 ; 007)

한자표제: 韓國樓亭時調

ISBN 979-11-87833-40-6 03810 : ₩12000

한국 현대 시조[韓國現代時調]

811.36-KDC6
895.715-DDC23   CIP2018002835

▌이든기획시선 007

한국누정시조
韓國樓亭時調

김창현 정형시집

| 시인의 말 |

　대전목원대학교 국어교육과 허경진 교수의 누정문학 연구 논문을 탐독하고 우리나라 누정문학 속에는 우리나라의 전통 맥락이 살아 숨 쉬고 있다는 생각으로 현대시조로 그 변천과정을 탈바꿈해 보았다.

　한가람 창간호부터 2016년까지 발간된 제호까지 모두 단형시조로 매듭지었다.

　관촌은 사설, 장형, 복합적 시조로 창작했음이 그 특색이며 내 스스로 전국 최초 창안했음을 밝혀둔다.

2018년 새해에. 관촌 김창현

■ 차례

시인의 말　　　　　　　　　　　　　　　5

1

잔盞은 다 채우지 않는다　　　　　　　13
쑥꽃　　　　　　　　　　　　　　　　14
한국시조韓國時調 뿌리를 묻다　　　　　15
울릉도 독도 해상국립공원　　　　　　16
숲속의 아침　　　　　　　　　　　　　18
백제무령왕 왕관百濟武寧王王冠　　　　20
고구려금동여래입상高句麗金銅如來立像　21
이어도 수정궁離於島 水晶宮　　　　　　22
백령도 두무진白翎島 頭武津　　　　　　23
이산가족 상봉離散家族 相逢　　　　　　24
대청호 오백리大靑湖 五百里 길　　　　　25
대전大田 칼국수축제　　　　　　　　　26
먼 기억記憶　　　　　　　　　　　　　27
난타 치는 산타　　　　　　　　　　　28
잠자던 돌이 꿈을 말할 때　　　　　　　29

세상 빛	30
갑천甲川돌다리	31
약초藥草 원추리	32
민통선民通線 너머	33
대전문학관大田文學館	34
대전역사박물관大田歷史博物館	35
천하일미天下一味	36
버섯 필 무렵	37
정생동, 장안동, 백자丁生洞,長岸洞白磁 가마터	38
금강시대錦江時代	39
봄잠을 주무시오	40

2

한밭아리랑	43
한밭 아침	44
별꽃	45
돌탑 쌓기	46
대전국립현충원大田國立顯忠院	47

사례편람四禮便覽을 읽고	48
고려동경高麗銅鏡	49
남해南海 앞에서	50
구봉산 영락원九峰山永樂院	51
청동호우青銅壺杅	52
고려상감청자어룡高麗象嵌青磁魚龍주전자	53
보문산성普門山城	54
천마도天馬圖	55
때죽나무 흰 꽃송이	56
분청사기상감화문병粉青沙器象嵌花紋瓶	57
고흥나로우주센터	58
사랑과 정으로 사는 게야, 가족은	59
백제 금동百濟金銅신발	60
정민역 유허비貞民驛 遺墟碑	61
겨울 갯마을	62
한국韓國의 멋, 비녀	63
강릉태풍 훑던 바람	64
고려청자 연적高麗青磁硯滴	65
첨찰산 쌍계사尖察山雙溪寺	66
지금도 당신의 뜨건 가슴은	67
대장간 합주곡	68

3

바람의 언덕	71
백로 무렵	72
해바라기	73
천리향	74
우암사적공원尤庵史蹟公園	75
금강錦江 파도소리	76
동춘당 선비마을	77
용인 민속촌龍仁 民俗村	78
차 한 잔의 사색	79
청동 빛 아침바람	80
꿈길밖에 길이 없어	81
인연因緣	82
세계에 우뚝 서라! 솟대여!	83
종묘 제례악宗廟 祭禮樂	84
우주 정거장	85
월명산 푸른하늘	86
조시弔詩를 읽을 때	87

한밭에 사는 여치	88
지워지지 않을 향기	89
코끼리 띠 정식이 시우詩友	90
원두재에 꽃이 피네	91
세상을 반쯤 열고	92
한빛탑	93
넘실대는 금강	94
누정시조樓亭 時調란 무엇인가?	97
작품해설 ▌문복선	100
보람찬 사도의 길과 잔을 다 채우지 않는 삶의 지혜	
관촌冠村 김창현金昌鉉 연보 및 자료	125

1

잔盞은 다 채우지 않는다

슬픔의 반전처럼 기쁨의 미소처럼
사랑의 미쁨처럼 그리움 미련처럼
미련의 아쉬움처럼 잔盞은 채우지 않는 법.

* 인생 황혼기(人生 黃昏期)
젊었을 때 20-30대는 초등학교 운동회 때 소고놀이 지도로 각 학교마다 퍼레이드를 장식했고, 장항읍민체육회 때 찬조출연을 지도 했으며 40-50대 인생 중반은 농사짓기 물꼬 선생으로 이름을 날렸고 제10대 국회의원 선거벽보제거가 서울신문에 발표되자 공화당, 교육청에서 너무 시달려 장항경찰서를 두 번이나 호출당해도 그래도 청년기는 펄펄 뛰었는데 60-70대는 망막박리대수술로 병원 출입이 많아졌고 시(詩)를 찾고 시조와 동시조를 지도한다고 떵떵거려 다녔으며 그 후 팔순 때는 인간 폐물이 되었는지 시청각이 뭉개져서 시력도 청력도 이 빠진 늙은 호랑이가 곧 내 인생임을 깨닫고 세월을 보낸다.

쑥꽃

어벙벙한 몸짓 할 때 쑥 같다는 핀잔을 준다.

수박골 논두렁길에는 언제나 들꽃이 핀다. 제비꽃, 솜양지, 쇠별꽃, 황새냉이가 얼굴을 내민다. 솜방망이, 꿀풀, 반디지치, 쥐손이풀, 갈퀴덩굴, 암고초, 비수리, 망초, 곽향, 씀바귀, 쑥꽃, 몽글몽글한 좁쌀알 같은 보잘것, 없는 모양새 차멀미 추스르며, 쑥꽃을 훑어 코에 대면 머릿속 한켠이 환하게 맑아지며 멀미가 가신다. 어느 약이 그리 속하게 효험을 낼 수 있으랴!

참쑥꽃, 마른 쑥대 모아 정신 맑아지는 베개 속.

* 충청권1단계-광역철도-신탄진-덕암-회덕-오정-중촌-용두-서대전- 문화-도마-가수원-흑석-계룡-2022개통.

한국시조韓國時調 뿌리를 묻다
  - 시조명창 유래비 앞에서

판소리 파생했던 한국전통 고대시조
창창唱으로 소리 높여 전통시조 전승되고
한恨의 맥 무형문화재 보전돼 길이 빛나.

평조, 우조, 계면조, 시조창 본질 찾아
조선팔도 지역마다 사투리가 특색이듯
한국적 내포제 시조 길이 빛낼 문화유산.

꽃다운 꽃 진정 참꽃 귀여움 차지하듯
시조다운 정가 시조 민족 슬기 한데모아
빛나는 유네스코 세계유산 현대 꽃을 피우리.

울릉도 독도 해상국립공원 鬱菱道, 獨島, 海上國立公園

1
형제끼리 사이좋게 지내오는 동해바다
울릉도는 큰 형님, 독도는 동생이네.
의좋은 쌍둥이처럼 함께 사는 용궁나라.

2
갈매기, 흑비둘기, 떼 지어 날아들고
대풍 감, 섬 향나무, 섬 등지고 지켜주다
곱게 핀 원추리 꽃술눈썹 이슬 밥도 먹었네.

3
오징어 떼 펄펄 뛰다 명태가 숨었는가?
동해 섬 등대지기 나라 지킨 독도 등대
파아란 하늘 파도소리 한라산까지 퍼지겠네.

4
촛대바위 울릉도 지켜 독립문 바위 독도 지켜
독도 등대 깜박이면 울릉도 등대 반짝거려
고래도 너무 신난다. 꼬리치며 뛰노네.

5
동해바다 회오리바람 용오름 물줄기가
해마다 찾아오는 무지개도 빛나고
우리 땅 아! 대한민국 울릉도, 독도, 형제여.

*천연기념물 제336호.
*쥐꼬리 망초꽃보다 민들레꽃
 지나간 7-9월 개망초, 꽃을 보기보다 농약중독 후유증치료제가 좋다는 조선민들레 찾아 하얀 꽃 피는 결백의 정신이 좋아 식전에 믹서기로 갈아 쓰디 쓴 커피 잔으로 마시고 나면 풋내 풍긴 입, 어린이들이 수업 시간에도 속 트림이 나와 고생한 일이 주마등처럼 떠오른다. 노후가 좋아져야 하는데 가을비가 내리는 날은 다리 통증이 더 개지랄한다. 지금도 배설은 되지 않고 몸속에 남아 있는지 모르겠다.

숲속의 아침

1
숲과 숲이 마주 서서 새소리 메아리도
봄 안개 꿈결처럼 몸짓 틀던 둥지 안에
솜, 깃털 두서너 개 품고 앞발 굴려 찾는 봄.

2
소나기 쏟아놓고 넋을 잃은 하늘 한 켠,
은하수 구름 별 밭 별빛 하나 깜박일 때
별똥별 큰 숲 넘어 너머 거친 숨결 저 달빛.

3
단풍 옷을 발가벗겨 꽃향내 담아 놓고
물소리 까치 웃음 비워낸 마음자리
가슴 속 목을 뺀 응어리가 결 삭았던 그 마디.

4
밤을 새워 들뜬 바람 참나무 터진 울음
뽀얀 꿈을 질끈 때문 성애 콧등 입가 아래
옆구리 늑골까지 쑤시던 꽃샘추위 뒷골목.

5
큰 하늘 쳐다보며 꿈을 키운 굽은 가지
푸른 자연 가슴 안아 감싸주는 목숨 하나
저 햇살 번지는 빛줄기 따라 맑은 향내 깃든다.

*한국자생반딧불이
1. 파파리반딧불이(5월-6월)
2. 애반딧불이(6월-7월)
3. 늦반딧불이(8월-9월)-개체도 크고 불빛도 가장 밝다.
긴긴 첫여름 배고픔 잊으려고 눈썹 반딧불이 붙이고 도깨비놀이 하면서 그 옛날 아름다운 추억이 무지개처럼 떠오른다. 내 인생은 추억을 먹고 사는가보다.

백제무령왕 왕관 百濟武寧王王冠

황홀 찬란한 금빛 연꽃 임금 기상 그 위엄
왕관 깃든 영기무늬 비밀 두 쌍 상승
치솟는 불꽃 율동감, 심오, 우주관 사상 꽃.

아름답고 힘찬 곡선 위로 뻗어 올라가고
연잎과 연꽃 사이 새순 돋는 가지 눈
팔메트 무늬 작고 둥근 127개 달린 금장식.

고구려금동여래입상高句麗金銅如來立像

웃음 머금은 엷은 입가 아름다운 마음 간직하고
한국사람 웃음 바꾸기 한사람 솜씨 더더욱 어려워
재빨리 우리 것 삭혀 도도한 자세 초라한 웃음.

이어도 수정궁 離於島 水晶宮

잔잔한 푸른 바다 바람 불어 파도 일다
보채던 물무늬 속 달래보는 손사래가
쌍 고동 눈앞에 들릴 듯 수평 열린 수정궁.

천년 묵은 춤을 추나 하늘 턱을 들이대고
초승달 삼키다가 은빛 노을 물들이다
한 세상 북받친 울음이 엮어내는 칼바람.

백령도 두무진 白翎島 頭武津

뼈아픈 고독 짙푸른 숨결 두무진 바위 일품조각
우뚝우뚝 자른 솜씨 형제석, 장군석, 코끼리바위
춤추는 푸른 숨결 백령도 그 섬에 살고 싶다.

바위 층층 두부모 쌓듯 천년 깎은 조각품
괭이갈매기, 황조롱이 장산곶매 함께 살고
철썩인 파도 위에 남는 건 이산가족 생이별뿐.

이산가족 상봉離散家族 相逢

거울 같은 깨끗 하늘 육십 오년 넘었어도
한결같은 인정인데 오늘 만난 어머니 손길
눈 뜨고 차마 볼 수 없어 이, 아들은 고개 돌려.

설음, 울음, 눈물, 범벅, 손수건 적셨어도
못다 한 애끓는 맘 너무 짧은 시간 남아
연평도 고기 잡던 어부 고향 어멈 어찌 두고.

대청호 오백리大靑湖 五百里 길

태봉산太鳳山 감나무 골 산골짜기 아랫동네
다랑이 논 밭머리 노을처럼 익던 홍시
내 고향 황소 풀 뜯던 언덕배기 방앗간.

연자방아 삐걱대며 돌아가던 수레바퀴
망향탑望鄕塔만 우두커니 지켜 섰던 모롱이 길
뒷동산 새소리 곱게 옛 추억을 흘러내고.

대전大田 칼국수축제

논두렁 홍두깨 웰빙 칼국수가
푸짐한 시골 인심 밀가루 참맛 자랑
풀뿌리 한밭 이름 올려 명품 국수 세상 뜨고.

높고 푸른 가을 하늘 대풍작 몰고 와서
땀 흘린 농민들 마음씨 알아 준 듯
반가운 이웃사촌이 오늘 따라 정답고.

먼 기억記憶

일제강점기 넉 달 동안 일본말 배운 1학년
해방되니 한글독본 한글을 배웠지만
일본말 모두 잊어버리고 천자문만 남았네.

난타 치는 산타

모형 산타 장단 맞게 재미있게 난타 치네.
손목, 발목, 굴렁쇠도 쉴 새 없이 굴러가고
온종일 쉴 참 없는 난타 팔다리 아프겠다.

모형 멍멍이 산토끼도 자동차, 기차, 쉴 새 없이
다람쥐 쳇바퀴 돌듯 기계 같은 톱니바퀴
지구도 사람도 똑 같은 우주 틀 속 사는 거다.

잠자던 돌이 꿈을 말할 때

 대자연 속 흩어진 돌멩이들, 부딪치며 뼈를 깎는 세월 동안
 생김새 무늬 빼어난 예술조각품 저 하늘 높이 뜬 반달무늬
 내 수석壽石값이 그 얼마.

 모양새가 안정된 받침대 균형 잡힌 공간 틈새
 이제 구름타고 하늘 궁전 무지개 섶다리도 건너 뛰어
 핏방울 옹맺힌 핏빛사연 세상을 말했네. 잠자던 돌이.

세상 빚

부모 사랑 빚진 것 내 생전에 못 갚고
내리 사랑 자식들 태산같이 쌓였어도
사랑 빚 갚지 않고 살 건가? 꿈같은 한 세상을.

갑천甲川돌다리

지하철 갑천역甲川驛 공사 보洑를 막아 돌다리 놓고
징검다리 149개 두 줄 쇠백로가 먹이 사냥
폭포수 같은 물줄기 만년교가 우뚝 섰네.

석교동石橋洞 외줄돌다리 갑천甲川 돌다리 쌍줄이네
석교동 보洑가 없지만 갑천 보洑 높게 쌓아.
돌다리 지켜 사는 새 쇠백로 하나 뿐.

약초藥草 원추리

겹빛 주황색 왕 원추리 식용, 약용,
홑꽃 노랑색, 홑왕 원추리, 튀김요리.
여름철 꽃봉오리 밥, 우울증 특효라고.

작두칼 썰어 말려 꽃잎 차도 만들고
어린 순 나물 먹고 점액이 나오는데
진딧물 묻어 있는지 세밀하게 살펴보고.

민통선民通線 너머

임진강臨津江 강가 고향 참게 잡던 어린 시절.
살찐 참게 끓여 먹던 참게 탕 추억 남아
애기봉愛妓峰 불빛 밝으면 보고 싶은 어머니.

대전문학관 大田文學館

계족산 낮은 중턱 송촌 골 자리 잡은
땡볕 햇살 펼쳐지면 양지 뜸 모롱이엔
아담한 이층 사랑방 대금소리 하늘 올라.

가을비 내리던 전국한밭 시조백일장
비 갠 뒤 코스모스 춤추다 한들거릴 때
한밭 땅 문화 뿌리가 대전문학관 심었네.

대전역사박물관 大田歷史博物館

마한(원삼국) 백제시대 통일신라, 고려, 조선,
일제강점기, 대한민국, 한눈에 보는 대전역사박물관,
자세히 살펴보는 역사 재미가 쏠쏠하네.

보문산 무학대사, 복조리 부자 만들어
모래 산이 보물산 호서사람 병자호란,
한밭 땅, 농영문 토끼 원산국시대 증명하네.

천하일미天下一味

벼룩, 콩팥, 빈대, 쓸개, 참새 앞가슴 제쳐두고
피라미 어죽, 장어 꼬리, 농어, 뱃살, 한 점 맛은
꽃게 탕 대게 살 뒷맛 천하일미 어느 게오.

버섯 필 무렵

등뼈가 너무 높아 처용암 허리통 굵어가듯
김을 뿜던 목 줄기도 못 여민 눈먼 앞섶
땅 깊이 하얀 속살 옹아리 일어선 어깨 지층 비늘.

굶주린 손목 아래 때 절은 살빛 팔찌
끈끈한 군침 흘리다 꽃을 피던 여름 혼자
어둠 속 천년을 속삭이던 피 묻은 등골 마디.

정생동, 장안동, 백자 丁生洞 長岸洞 白磁 가마터

조선백자 가마터, 왕실, 도자 궁중 그릇,
십년마다 가마 옮겨 백토, 땔감 맞춰보고
순백색 저갈발 덮어 잡티 없이 구워내.

항아리, 술병, 연적, 옻칠 유약 비법 지켜
풍만한 넓은 어깨, 허리 곡선, 풍요로움,
청백색 그림 솜씨, 문양 결, 고와 고고해.

*1. 정생동백자가마터-시, 기념물.36호.
*2. 장안동백자가마터-시, 기념물.40호.

금강시대錦江時代
- 금강7공구, 금강보(錦江堡)

위례성 웅진부터 사비성 금강까지.
마한 백제 혼이 그리움 가슴 남아
천년을 굽이쳐 흐른 강 백제 미소 한 아름.

기침으로 꿰던 웃음 구슬 땀 흘리던 날.
풀꽃도 봄꿈 꾸게 실핏줄 심었는가?
은하수 달빛 너무 무거워 한恨 무릎을 접었네.

봄잠을 주무시오

동백꽃은 노란 꽃술 온 세상 봄꽃 피어
귀여운 비비새도 둥지 짓고 노래 할 때
꼬투리 겨울 문턱 쉬어 갈 봄 잠자는 와불臥佛님.

2

한밭아리랑

산 넘어 능선 너머엔, 가슴 따뜻 햇살 살고
수평선 바다 너머엔 마음 따뜻 이웃사촌
한 세상 오순도순 사는 게 정情 때문일 게야.

한밭 아침

먼동, 트는 새벽부터 산새들 지저귐이
까만 고요 내려앉고 가로등 혼자 지켜
기지개 일어설 무렵 허리 잡던 꽃바람.

도매시장 뒷골목 무, 배추, 성벽 쌓듯
생선, 비린내 맴돌던 치맛자락 펄럭일 때
모진 삶 끈질긴 원죄原罪 또 남았나, 이 세상.

별꽃

먼동 트는 새벽마다 아침 햇살 받쳐 올려
숲속 나무 곧은 장대 넓은 가슴 품어 주듯
양지뜸 따스한 산자락 아름다운 꽃동산.

봄바람 고개 넘어 꽃잎에 걸터앉아
햇살이 보살피는 너그러움 지켜보고
입가에 번지는 웃음 열고 있는 꽃 가슴.

돌탑 쌓기

산, 동네 극동방송국 산새 둥지 틀던 숲속
흙, 땅 냄이 너무 좋아 꽃, 산, 마을 이사 와
먼동 튼 새 아침 세상 눈빛 햇살 마주쳤네.

대전국립현충원 大田國立顯忠院

겨울비도 슬픔처럼 코끝 찡한 눈시울
고이 잠든 호국 영혼 가슴 뜯다 무너진
두 줄기 눈물 흘러내린 북받치는 앞가슴.

나라 지켜 목숨 바친 꽃구름 무등, 타고
황천길 천국까지 구만리 선녀 함께
아! 영혼 이제는 영원히 또 평안히 쉬소서.

사례편람四禮便覽을 읽고

조선성리학 예학으로 바꿔 충청도양반 청백리 뿌리
조선인조 숙종, 왕 예학 임금도 모르는 상례진언
계룡산 산줄기 뻗어 내리듯 선비정신 곤두세워.

한국학 일으킨 조상 예학 으뜸 선비 되고,
조선왕조 주름잡던 당당한 위신 학파 세워,
양반의 체면 세운 그 슬기 그 숨결도 듣고 싶어.

고려동경 高麗銅鏡

밝게 빛나는 창성 하늘 바다, 용과 사투 벌린 장면,
고려의례 용품 고려 여인들, 예뻐지는 화장용구
용 나무, 전각무늬 거울세계 수입거울 중국산.

*고려국조거울-구리70%, 주석15%, 납12%.
*호저우(湖州), 양저우(楊州), 항저우(杭州) 중국거울.서천추
동리-물고기무늬 .
*고려동경(청동거울)-국립부여박물관.홍사준(洪思俊1905-1980)
전국립부여박물관장.충남서천,시조집-서심초(敍心草)역사시
조1201수, 시조집-박물관광장.

남해南海 앞에서

새벽 3시 조금 넘어서 바다도 섬도 자고 있었네.
보오얀 안개 수평선과 이마를 마주 대고
밤 사이 못 다한 사랑 얘기 속삭이는지 아무도 몰라.

파도가 잠들어 조용하고 갈매기도 깊은 잠에 빠졌는지
섬 등대 저 혼자 지켜 섰다 초승달과 놀고 갔는지
아무도 없는 섬 사이 길 갈바람만 지나가고.

구봉산 영락원 九峰山永樂院

괴곡동 구봉산 산골짜기 공동묘지 산모롱이 돌아
실핏줄 꺾인 슬픔이 흐느낌으로 곤두설 때
더 크게 목 놓아 울던 북받침 목구멍이 붓다가.

꽃잎 지던 날 상여 따라 생전 살던 이승 떠나
가난 속에 허덕이던 아리송한 푸념 떠 올려
참았던 울부짖음이 터져 몰래 삼킨 그 설움.

청동호우靑銅壺杅

— 청주고인쇄박물관(淸州古印刷博物館)에서

장마철 큰 비 내려 천둥, 번개 쳐도 짐朕의 잘못
가뭄 들어 곡식 타들어가도 짐朕의 몫이 큰 죄 되어
하늘 뜻 받들고 제사祭祀 올린 전통 풍습 알겠다만.

황불 피워 귀신 쫓던 천신제天神祭 젯상 앞엔
무릎 꿇고 두 손 받쳐 소곡주燒穀酒 술잔 넘실댈 때
산까치 무어라고 중얼거린 축문祝文 네 뜻도 알겠다만.

고려상감청자어룡 高麗象嵌青磁魚龍 주전자

선정전善政殿별궁 수라간엔 신설로 팔진미 뽀글거려
　여주麗州 햅쌀 붉은 팥밥 청자상감 용봉 모란 문 개합 김이 솟아
　진상품 보약주 고려인삼 산더미처럼 쌓일게고.

통영統營자개상 숭늉 백자그릇 팔각 소반상, 노란 과일
곱게 핀 연꽃무늬 치맛자락 동백 향나비 날듯 사뿐거려
고요가 아침 가득 채우는 수라상이 나올게고.

*고려상감청자어룡(高麗象嵌青瓷魚龍)주전자-국보제66호.

보문산성普門山城

구름이 바람타고 가랑잎 굴러가듯
개나리 노란 꽃잎 민들레 지켜 섰다.
솔 향이 피톤치드 뿜으며 돌아가는 탑돌이.

산새가 날아오면 파랑새도 깃을 치고
꽃봉오리 이슬방울 잎새 아래 돌아설 때
종소리 산자락 모롱이 돌아 꽃등 타고 내려오네.

천마도 天馬圖

자작나무판 그린 천마도장니 흰색천마 중앙에 그려놓고
덩굴무늬 장식되어 테두리, 흰색 붉은 색, 갈 색, 그리고 검은색,
꼬리를 세우고 하늘을 달려 천당으로 가고팠네.

다리 앞, 뒤 고리모양 돌기 나와 혀 내밀고
백마는 가자 울고 갈 길 먼 수만리 천당 길,
주인공 알 수 없는 98호 발굴 천마총으로 불렀네.

*천마도장니 : 흰말 그린 말 안장.

때죽나무 흰 꽃송이

햇살 눈부신 오뉴월 한나절, 눈꽃송이 발등 내려
작은 종鐘을 늘어뜨린 살랑바람 흔들고
온 세상 모두 가진 듯 황홀한 흰빛순결.

꽃 향이 구만리 퍼져나가 세상 품에 안겼네.
손가락 두 마디쯤 층층 잎 긴 가지 사이
백색 꽃 은종 네 갈래 송이 매달려 달렸네.

가을 도토리 달걀모양 긴 자루 주렁주렁
녹 백색 선비 색깔 혼자 보기 역겨워
등잔불 , 빨래, 머릿기름 한방치통, 향수원료.

분청사기상감화문병粉青沙器象嵌花紋瓶

돌림판 땀방울 아래 햇살자락 밀려오다
상감청자 말린 시렁 유약釉藥 마를 한나절쯤
그 많은 신명神明 바쳐서 정렬대整裂臺 오른 불가마 솥.

밤이면 품속으로 파고들던 바람 떼가
아직도 솎아내던 양지 바른 장작 불꽃
한 핏줄 맥락을 잇고 오는 물려받은 비법 하나.

고흥나로우주센터

봉남 마을 태극기물결 펄쩍펄쩍 출렁거릴 때
쿠우우우웅 우대한 소리 흙바닥 굉음 내뿜고
하늘로 치솟아 가슴 뻥, 뚫렸는데, 뚫렸는데.

와! 어! 아! 어떡해? 어머, 저기, 뜬다, 떠.
가로4m, 높이3m, 검정스크린, 속, 하늘로 날았는데,
날았는데.
두 눈을 질끈 감았다, 떴다. 실패했다고, 실패했다고.

*참고) 과학기술위성, 2호(2009.8.25,5시)

사랑과 정으로 사는 게야, 가족은

깊어진 사랑 끝이 없고, 돌아서면 남,
정이 깊어지면 뗄 수 없고, 돌아서도 우리,
사랑 때문에 미워하고 상처가 크지만.

정 때문에 마음 돌리고 아파오며,
달콤한 사랑 매혹 홀딱 넘어가고,
은근하고 구수한 정 때문에 어려움도 나누는 게야.

백제 금동百濟金銅신발

덩굴손 입순 사이 새순 돋는 잎줄기도
이슬방울 금빛 구슬 찬란하게 반짝이다.
새벽 꿈 일깨우는 샛별 하나, 곤룡포琨龍襃가 무거울 게고

보얀 안개구름 뚫고 꼬리치던 용 아홉 마리
하늘로 올라가던 발톱세운 비늘무늬
버선 코 금동신발 달각거린 향불 스민 천신제天神祭

정민역 유허비 貞民驛 遺墟碑

계룡산 산굽이 마티 재 넘어 필마로 돌아드는
아리고개 정민역貞民驛
어명 받든 말굽소리 쏜살같이 내달렸을 때
뜨거운 밀지보密旨褓 속살에는 끓고 있을 사약탕賜藥湯

부릅뜬 눈초리 지켜보는 재촉 시간,
타들어 가는 쌍 불꽃 심지
턱수염 흩날린 입술, 침 거품도 치솟아 올라
목 줄기 곤두세운 비지땀 흘러내린 실핏줄.

겨울 갯마을

내 어릴 때 보릿고개 굶고 지낸 가난 흉년
긴긴 겨울 피눈물 났던 슬기로 살아오며
먼동이 환히 밝아오면 하얀 연기 피었고.

굴 바구니 호미 하나 어린아이 등에 업어
하얀 눈발 뒤집어 써 손발도 얼어 터져
개야도 고향 앞바다 스크린이 지나가오.

한국韓國의 멋, 비녀

어느 댁 며느님 혼수예물, 오색 두루마리, 펼쳐보니, 족두리 둘(하나는 꾸민 족두리, 또 하나는 민족두리), 낭자, 첩지, 또야머리, 옥섭옥 낭자비녀, 옥섭옥 또야머리비녀, 은도금 매죽잠또야머리비녀, 은꾸민화삼하나, 민화삼하나, 진주잠, 또야머리비녀, 은도금오두잠또야머리비녀, 순금민머리비녀, 은낭자 눈비녀, 밀화쌍 국화잠, 백금뒤꽂이, 순금뒤꽂이, 자만호청각석밀화사색동자, 순금지환, 청수정지환, 순금진주반지, 순금반지, 송화 백숙고사 저고리차, 연두법단 저고리차, 분홍순인사 저고리차, 남숙고사치마차, 생수겹자지, 황색주 한필, 박생주 한필, 의복차와 다홍모본단, 보료화류장, 앵두색, 송호색, 쑥색, 연회색, 연분홍, 품위 있는 색종이 첩, 궁체붓글씨 곱게 쪽진 검은 머리, 비취, 비녀, 뒤꽂이, 청초한 여인의 맵시, 환한 엷은 미소.

*국립공주박물관-백제 무렬 왕릉 발굴유적, 반지, 귀걸이, 비녀, 뒤꽂이 등, 국보지정 많음.

강릉태풍 훑던 바람
― 백훈 정태모(白訓 鄭泰模1923-2010)시백 영전에

태백산맥 뻗어 내린 강릉 땅 내곡동엔
산골짜기 골 깊은 산새, 산꽃 곱게 피고
가깝고 멀고 먼 길 돌아 강릉 시내 찾던 길.
피나는 노력 문학수련 자유시도 십년 쓰고
서울신문 신춘문에 현대시조 당선되어
시, 시조, 새롭게 여는 시인으로 우뚝 섰네.
아이들이 주는 용돈 출판 비 마련하고
문집도 스물다섯 문학 장르 제 각각
산새알, 물새알 동요 불러보고 싶고 나.
태풍 루사 불던 비바람 밤잠도 건너뛰고
가끔 앞 차오른 물 뒷동산 빠져나와
수해로 가사 탕진한 마음고생 많으리오.
작가정신 뛰어나 동심의 그림자가
동시조는 내가 앞장 후기에 쓰고 있고
빛나는 문학작품이 밝은 세상 등불되리.

*태풍루사15호-(Rusa.2002.8.31.)로 수해복구 하였음.
*강릉강수량870.5mm(기네스)5조원 재산피해 2002.8.31.주기 때.

고려청자 연적高麗靑磁硯滴

복숭아, 오리모양, 강진청자박물관엔
느낌 좋은 고려비색 12세기 유약 바른
빛나는 추사체보다 고려청자 눈에 띠어.

*고려청자연적(高麗靑磁硯滴)-국보제74호.
*고려청자모자원형연적(高麗靑磁母子猿型硯滴)국보제270호.

첨찰산 쌍계사 尖察山雙溪寺

동백꽃은 노란 꽃술 알 수 없는 미궁처럼
솔바람 염불 타고 여백만 흔들더니
그리움 흘러 할 말 없는 불경 읽던 동박새.

꽃잎 안고 놀던 바람 천수경을 몰고 와서
외진 독방 귀양살이 가슴 한켠, 커진 욕심
기도 끝 손마디 뼈 속 파도 일던 불심가. 佛心歌

*첨찰산 쌍계사-전남진도읍에 있는 사찰.

지금도 당신의 뜨건 가슴은
– 월하 박재서 정년퇴임 공덕가

청란초 정을 쏟아 손길마다 향을 일궈
꽃나무들 밀쳐놓고 시린 허리 펴려나,
참뜻이 고개 넘던 길 쉴 참이 되었는가.

해 달 그림자를 짊어지고 다니면서
예쁜 꽃들 가슴 펴게 사랑으로 가꾸다가
큰 나무 푸른 하늘도 쉬어가던 인생 길.

맑은 눈빛 질긴 삶을 정원사로 키웠는가.
아린 핏빛 시심詩心 깊게 일월도日月圖를 엮어오다
큰 별빛 텃밭 가꾼 문도文道 새 우주 열소서.

* 박재서 시집〈푸른 꿈 푸른 일월도〉축시. 2001.

대장간 합주곡

갈탄 불꽃 피어 일던 대장간 통 풀무질
시뻘건 담금질 쉴 참 망치질 장단 박자 치다
미움이 무슨 죄罪가 있사옵기 내리치는 곤장형.棍杖刑

아픈 만큼 오그라진 몸짓 조여오는 그림 문신文身
혀뿌리까지 들볶았던 멍든 속살 찢겨져도
삶 꼭지 으스러지게 저려 가슴 폈던 내 울음.

3

바람의 언덕

풍력발전기 오형제가 바람 언덕 지켜 섰고
고랭지 채소 밭이 산머리 휘어져도
올 같은 가뭄 흉년에 씨앗 값을 찾았는지.

땡볕 아래 구슬땀을 런닝 바람 땀 절어도
가뭄이 목줄 타게 골 깊게 깊어가도
은행 빚 조금이라도 갚아야 삶 힘 있는데.

백로 무렵

노란 홍시 고추처럼 빨갛게 익어가고
들판 황금 너울 파도 물결 밀려와도
집짓는 벽돌공 이마 땀방울이 주렁주렁.

트럭 차량 미화원 꽁지에 매달려서
온종일 쓰레기를 땀 흘리며 일을 해도
종량제 알 수 없는 꿈길 세상 살기 참 어려워.

해바라기

꽃 가슴 꽃그늘도 아침 햇살 피어나듯
환한 그 입가엔 이슬 삼킨 주걱턱이
호박씨 이빨 아물듯 옹알이를 끝냈는지.

천리향

천리향 코 끝 스민 가을 향내 간직하듯
어머니 그리움을 꽃 가슴에 적셔 봐도
남는 건 보얀 안개만 머리칼 끝 앉았나?

우암사적공원 尤庵史蹟公園

들머리 놀던 바람 간지러운 실안개들
국화 앞에 조잘대는 이슬 젖은 꽃잎마다
활짝 편 송자대전 쓸면서 홍농 서당 열어놓고.

북벌계획 출렁이던 풍년 꿈에 벼꽃 피고
놀란 가슴 뜸 드는 사이 한 번, 쯤은 속을 게다
영글던 도학절의 道學節義 품안 따사로운 남간정사.

금강錦江 파도소리

고란사 종소리도 금강 하구 실어내다
꽃 머리 내린 세월 속앓이 흐느낄 때
하늘 뜻 수평선 너머 고군산 열도 내몰던 날.

초조한 가슴팍은 천길 멀리 이승에서
눈물겹게 쏟은 무게 물굽이로 빙빙 돌다
한 몇 겹 목숨 가누고 고된 삶 마디 비집던 맘.

동춘당 선비마을

첫 여름 긴 한나절 목 갈증도 일던 무렵
아카시아 꽃향내만 코끝에 맴돌다가
동춘당 뜰 앞에 내려와 둥지 틀던 까치 떼.

바람 없는 땡볕 더위 헐떡이는 풀잎허리
모심기 바쁜 일손 트랙터도 숨 고르다
머언 산 산철쭉꽃 울타리 꽃무늬 일던 한 숲길.

용인 민속촌龍仁 民俗村
- 외줄타기 줄광대

    일천만 관광객을 휩쓸고 온 영화〈왕의 남자〉줄타기 아홉 살부터 잘하면 살판, 못하면 죽을 판이 될 수도 있는 줄타기 인생을 오십여 년 가깝도록 아슬아슬하게 건너왔다. 초등학교 다닐 때 민속촌이 놀이터, 날마다 풍물, 부채춤, 피리, 대금, 연주하는 분들을 따라 다니며 놀고 지냈다. 1982년 5월 5일 용인민속촌에서 첫 공연을 하게 되었다. 그때 중학교 3학년 13살이었다. 스승이신 김영철 선생님한테 배웠다. 처음에는 줄타기 배우는 사람이 세 명이었으나 모두 중간에 포기하고 혼자만 끝까지 남아 열심히 노력하였다. 부채로 무게중심 잡는 외줄타기 그 비법.

*김대균(金大均1967-50세)-1300년, 전통- 유네스코인류무형문화재등재(2011)
*김영철(金永哲1920-1988)-중요무형문화재제58호.줄타기예능보유자(2000) 지정.경기안성시죽산면매산리-줄타기연습장.
*출전(出典)-처인문학(處仁文學)창간호.2011.경기용인시.

차 한 잔의 사색

말 많아 거칠어진 입안도 헹궈내고
우쭐대던 키도 낮춰 귀까지 씻었더니
다기에 어리는 얼굴 한눈에 쏙 들더라.

누구나 그리움을 품고 살아가는 거
그 자리 이슬 받아 찬물을 얹었더니
다향을 먼저 맡고서 백목련이 벙글더라.

*김영기 시조집 『갈무리하는 하루』2010. 서간문을 받고.

청동 빛 아침바람

시린 눈물 벙근 웃음 육십년을 넘나들다
청청한 푸른 기백 온 누리 심던 나날
꿈같은 인생 길 여울 목 앞 죽순 돋는 높은 지조.

큰 하늘 낮달 아래 금빛 세상 넘어 너머
부러움 누리시네, 쌓은 탑이 눈부시네.
새롭게 열린 무지개무늬 천년 장수 넘친 행복.

*창운 김용재의 시세계-회갑문집.2003.

꿈길밖에 길이 없어

밀물에 얹어놓은 고운 꿈 불러내어
찾은 길 금수강산 빼곡히 쌓은 사랑
낯선 땅 고향이 되어 휘감기는 저녁놀.

고사리 손을 잡고 사랑으로 엮은 세월
되돌아 둘러보니 병풍 되어 다가서고
환하게 피어 있는 꽃 뉘 웃음이 그만 하랴.

옛 추억 못 잊어서, 열정으로 찾은 고향
극락이 웬말인가, 뿌리치고 내달리니
노했던 염라대왕도 손사래를 쳤었지.

배고픈 사도의 길 웃음으로 승화시켜
한 걸음 또 한걸음 묵묵히 일군 족적
밤하늘 북극성 되어 희망으로 남으리.

흐르는 저 세월을 뉘라서 막을 손가.
눈가에 이는 주름 하나, 둘 늘어나도
티 없는 동심의 미소 늘 푸르른 꿈이여!

인연因緣

노령산맥 불태산 자락 장성 유재 선비 만나
해마다 단감 풍년 형제 핏줄 인정 넘쳐
한恨 세상 동명이인끼리 시조 만수 짓고 사세.

이 세상 모두가 인연으로 얽힌 세상
이름, 석자 같은 인연 정으로 설키었네.
그동안 오갔던 정을 저 먼 곳까지 이어가세.

*이름이 똑같은 김창현(金昌鉉)끼리 현대시조를 창작하고 있음.
*화답시조-인연(因緣)유재 김창현(裕齋 金昌鉉)-전남장성.

세계에 우뚝 서라! 솟대여!
- 솟대문학 창간100호 기념을 축하하며

바람도 잔잔하여 고요가 고요를 몰고 와
햇살이 빛나는 아침 솟대의 손짓이
꿈속의 숨결처럼 커다란 나무숲으로
일백호를 알뜰하게 층층 쌓기까지
피땀과 코피와 눈물로 장애인의 씨를 뿌려
메마른 돌밭을 일구고 가꾸듯
한국 땅의 장애인을 캄캄한 어둠을 뚫고
묵묵히 앞장 선 솟대야!
사랑의 따뜻한 힘으로 풀꽃 같은 연약한
끈질긴 목숨도 온 세상 끌어안는
솟대로 우뚝 서서 아름다운 솟대 꽃을 피워라.
찬란한 햇살처럼, 영원한 하늘처럼
무궁화로 꽃 피기를 두 손 모아 기도하며…

종묘 제례악宗廟 祭禮樂

하늘이 남긴 서러운 거문고 뒷굽 소리
견우, 직녀, 속울음 담아
훈민정음 내몰던 뒷구멍 뚫린 단소
감탄 섞던 아쟁 멈춤,
속 타는 가야금 긴 핏줄도
넋을 떨군 시루떡.

살을 베듯 터질 듯 줄줄이 포개지다
튀어 오르는 칭얼거림,
숨통 조인 목숨인양
황소울음 음 높이가
엇박자 서성거린 아악雅樂이
출렁대는 휘몰이.

*유네스코세계문화유산 지정.
*국제심사위원단-세계적 권위자 18명으로 구성.
*2001년5월 19개 걸작 중 하나로 지정 됨.

우주 정거장

예쁜 별이 반짝이는 은하수 뒷동산엔
돌아가신 우리 어머니 별나라에 계실거야,
은하수 요술기차 운전 배워 내가 태워 드려야지.

*한국시조시인협회. 2009.12.5. 다음카페-문주란 꽃.

월명산 푸른하늘
- 석천 문복선교장 정년퇴임 공덕가

드맑은 넓은 황해 월명산도 지켜 섰네.
진리 쫓는 충정 슬기 끈질기던 외곬 인정.
한가득 눈부신 어질 머리, 푸르 청청 살으리.

올곧은 시조 천품 온 누리 얼 값진 빛깔.
무애, 노산, 재주 자랑, 뿌리 깊은 질긴 심술,
고아한 그 기품 어진 선비 집념 등불 밝혔소.

산이 몰래 벗어놓은 이슬 바람 챙겨두고
파도 소리 해 울음도 눈빛마저 아리겠고,
흥부네 세월 같던 내 뜨락 깊던 꿈을 가꿀게고.

조시弔詩를 읽을 때

그립던 뜨거운 정情, 어찌 그리 버리시고
눈물방울 떨어지다, 말을 맺지 못했지만
이 가슴 목청도 맺혀 어찌 읽어 내려갔소.

* 구름재 박병순(朴炳淳1917-2008) 조시(弔詩) 읽던 모습 보고.

한밭에 사는 여치

흙냄새 그립다던 목척다리 풀섶 아래
불빛 창밖으로 어슴푸레 반짝이면
새하얀 모시 한 타래 북 실꾸리 감는다.

달빛에 어둠 깔려 어둠이 짓눌려도
온 밤 철벅이다 부르튼 손 보듬으며
세모시 헝크러진, 실 빗질하며 세운다.

가슴에 일렁이는 눈물, 설움, 한을 짜서
모시적삼 새털무늬 핏빛으로 물들이고
불타는 사랑 못 잊어 앙가슴만 쓸어낸다.

지워지지 않을 향기

외길 인생 험하고 멀고도 높더니만
아낌없는 정열로 다지고 쌓은 정성,
층마다 쌓인 땀내에 발자국도 젖었네.

한평생 교단에서 우리 것을 찾고자
옛 시인들 남기신 시조 가락 읊던 소리
땅거미 내려앉아도 메아리로 남았네.

가늠 할 수 없는 깊이 비바람도 외면하고
온 누리에 돋보이신 스승의 그 높은 뜻
오늘이 지나고 나면 기억 속에 새로 우리.

* 관촌 정년퇴임 송시

코끼리 띠 정식이 시우詩友

토요일 오후 일요일 아침 호서문화사 기와집
비가 오면 줄줄 새어 세숫대야 늘어놓고
아침 때 해장 하러 갔는지 교정보다 없어졌네.

월하, 정강, 관촌, 삼총사 셋이 만나
가양식당 문턱 닳듯 들랑거린 그 추억이
쌀밥은 껄껄하다고 입도 대지 않았네.

여직원이 한문 공부 어려워서 못 배우고
뱃속이 쓸쓸한지 막걸리가 아침밥
온종일 배고플 때는 밥보다 술 먹었네.

병원에 누웠을 때 찾아가서 만나보고
나이 속인 그 죗값이 먼저 승천 간다고
코끼리 띠가 십이 간지 어느 곳에 있던가.

세상 떠난 몇 년 뒤 월하, 관촌 시비 찾아
쓰다듬고 만져보고 사진 찍어 왔지만
정다운 그 옛날 추억 영화처럼 스쳐 갔네.

원두재에 꽃이 피네

월명산 푸른 소나무 비인만을 굽어보고
봄 제비도 맥맥이도 즐거워서 춤추는 곳
대대로 혈맥 이어온 평산 신씨 가문이여.

공주사범 졸업 후엔 미술조에 깊어가고,
희수가 눈앞일 땐 현대시조 연찬해서
글 꽃도 큰 꽃 피었네, 재주 좋은 원두재.

사회문화 발달되고 과학문명 받아들여
컴퓨터 일찍 배워 20세기 앞장서고
뛰어난 아름다운 색깔 골라 쓰는 그 솜씨.

현대시조, 동시조도 어른, 애들 입에 맞게
글 솜씨도 숨은 슬기 뒤늦게 튀는 지능
선비가 따로 있는가, 미술, 문학, 도사인걸.

세상이 넓다더니 재주꾼은 좁을 게고
온갖 꿈을 함께 모아 무궁화로 꽃피워서
먼 후세 영광된 명예, 길이 남겨 주소서.

세상을 반쯤 열고

월명산 하늘 저 끝, 밝아오는 멀건 새벽
한 세상을 반쯤 열고 해돋이로 섰던 얼굴
뜨거운 입김 그대로 산처럼 살련다.

말 없는 세월 따라 푸른 날개 휘젓다가
제 푼수 지켜가며 궁리대로 머문 텃밭
허물도 닦아보다가 개벽도 열어 본다.

한빛탑

한밭 벌, 문화의 꽃 다투어 치쌓은 탑.
잡힐 듯, 안아보니 목마른 별품 일레.
영혼은 뒤 영글어도 찌든 가슴 뛰놀고.

보얀 달 바라보며 눈비바람 무릅쓰고
바르르 몸을 떨며 홀로 울어 넘칠게다.
흐르는 세월 이고 앉아 찬란한 빛은 더해가고.

*한빛탑 하늘
엑스포다리 도우미는 꿈돌이, 꿈순이가 있지.
한밭 벌, 갑천 가에, 아취를 간질이는 여울, 손짓 구름도 흩어, 한 타래, 지긋이 가슴 달래며 아! 그냥, 내 고향을 가듯, 불꽃만 겹쳐, 어립디다. 때때로 맑은 바람은, 알알이 다져진, 한빛탑만 돌고, 고스란히 번져가는 눈웃음도 떠올리더니, 역전 앞 시장 한복판에, 비린내 나는 문명도 반깁디다. 보문산 언덕 위, 탐스런 달은, 꽃가지 그늘 아래서 놀고, 지칠 줄 모르는 사랑만 덜 익은 과일인데, 식장산 고산사 머리 위에 작은 쑥새 한 마리 찾아듭디다. 오늘이 풍경들만 바람찬 늦가을인데 고향은 저 구름 밖에서 세월에 철이 돋듯 올해도 차마 못 잊어 한밭의 섣달을 맞이합디다. 아직은 미련만 남아, 언 손 녹일 시간 없다고.

넘실대는 금강
- 장시조

1. 해오름 달 1월
칼바람 휘몰아치는 카네이션도 손발 시리고
눈꽃 속에 파묻힌 노란 금빛 복수초가
온 세상 하얀 설국의 꿈, 발버둥치는 해오름 달.

2. 시샘의 달 2월
꽃샘추위 이기려고 떨고 있는 너도 바람꽃
바이올렛 꽃봉오리 봄비를 기다리다
끝나지 않은 겨울 끝자락 끌고 오는 시샘 달.

3. 물오름 달 3월
철쭉꽃, 수선화도 곱게 핀 삼월 하늘
봄바람, 제비 떼도 반갑다고 종알대고
지평선 아지랑이가 피어오르는 물오름 달.

4. 잎새 달 4월
봄꽃들이 제 꽃 자랑 뽐내고 있을 때도
데이지, 둥글레 꽃, 이슬비 뒤집어쓰고
지평선 아지랑이가 피어오르는 물오름 달.

5. 푸른 달 5월
푸르름이 짙어가는 꽃 내 풍긴 푸른 하늘
금난초, 은방울꽃, 꽃을 파는 꽃집에는
벌, 나비 꽃동네 찾는 쉴 참 없는 푸른 달.

6. 누리 달 6월
오뉴월 붉은 장미 너의 기백 보기 좋아
칡넝쿨 얼킨 삶도 삼복더위 뜸들이고
벼 포기 알차게 영글어 한가득 꽉 찬 누리달.

7. 견우직녀 달 7월
견우처럼 만능 슬기, 직녀처럼 고운 솜씨
하얀 수련 하얀 은방울꽃 열매처럼 꽃등 달고
천문대 은하수 별보기 전설 많은 견우직녀.

8. 타오름 달 8월
찜통 같은 무더운 여름 산들바람 불어 올 때
글라디올러스 야생나리, 헐떡이던 꽃 마음도
실핏줄 몰아쉬는 숨결 목이 마른 타오름 달.

9. 열매달 9월
꽃 같은 그리운 얼굴 꽃등에 짙어지듯
애스터 쑥부쟁이 약이 오른 해맑음이
지내온 가난의 세상, 주렁주렁 열매 달.

10. 하늘연달 10월
높고 푸른 가을 하늘 곡식들이 익어가고
산들 바람 살랑대는 들국화, 코스모스
참새 떼 허수아비 앉아 살쪄가는 하늘 연달.

11. 미틈 달 11월
단풍잎 울긋불긋 가을 옷 차려 입고
서양국화, 흰 국화, 오가는 손길 반겨 줄 때
한가락 울려 퍼진 진혼곡 번져가는 미틈 달.

12. 매듭 달 12월
함박눈 떡가루로 은세계 펼친 세상
올곧은 맘 꿋꿋한 절개 수선화, 동백꽃 심줄처럼
한줄기 남은 끝매듭 옹쳐 맺는 매듭 달.

| 참조 |

누정시조樓亭時調란 무엇인가?

1. 출전 근거(出典 根據)
정자(亭子)나 누각(樓閣)에서 지어진 문학을 누정문학(樓亭文學)이라고 호칭하고 그 시조(時調)를 누정시조(樓亭 時調)라고 정의한다.

특히 대전지역은 은진 송씨(恩津 宋氏)와 안동 권씨(安東 權氏)가 정치와 학문에 두각을 나타내면서 향토 사회에도 정착되었고 그때부터 문화 공간이었던 정자(亭子)도 많이 지어지기 시작하였다.

* 『누정문학연구』-태학사. 서울. 1998. 허경진. 대전목원대학교 국어교육과 교수 – 이 논문은 한국학술진흥재단의 1997년도 지방대 육성과제연구비를 지원 받아 진행되었다.

2. 한국현대시조 –한가락 모임
『한가락』 창간호 발간.1990.4.29. 대표-최권흥(崔權興 1928-)

　　고려 말, 절의충신. 성여완(成汝完 1309-1397)

우탁(禹卓1262-1342), 길재(吉再1353-1419)
고려-공주 은거한 문신-이존오(李存吾1341-1371)

한가락 모임에서 각 지방에 산재해 있는 누각, 누정을 찾아, 다니며 한국현대시조로 창작 발표하여 한가락 책자를 발간하고 있다.

3. 조선 3대 누정

1). 대동강-청벽루 위에 서 있는 국보제17호. 부벽루(浮碧樓). 수많은 전쟁, 소실, 부벽완월(浮碧玩月)

2). 진주- 촉석루(矗石樓)

3). 밀양- 영남루(嶺南樓)

거창-일원정(一源亭)-김숙자(金叔滋1389-1456)

김종직(金宗直(1431-1492)

정몽주(鄭夢周1337-1392)

길재(吉再1353-1419)

김굉필(金宏弼1454-1504)

정여창(鄭汝昌1450-1504)

조광조(趙光祖1482-1519)七賢 모신 곳.

※대한민국 누정

서울경회루(慶會樓), 낙천정(樂天亭), 망원정(望遠亭), 보신각(普信閣), 봉황각(鳳凰閣), 석파정(石坡亭), 세검

정(洗劍亭), 아소정(我笑亭), 봉서정(鳳棲亭), 용왕정(龍王亭), 팔각정(八角亭), 향원정(香遠亭), 경복궁(景福宮), 황학정(黃鶴亭), 부산 노을정, 망미루(望美樓), 향연정(香然亭), 세심정(洗心亭).

※누정문학을 찾아서
세종실록 지리지(1545), 조선초기 누정이 60개.
조선중기-신동국여지승람.

4. 한국현대시조
관촌 김창현은 한국현대시조의 각종 문학지에 누정시조를 창작하여 발표한 사례가 있으며 발표한 문학잡지는 다음과 같다. 가람문학, 시조문학, 현대시조, 문학사랑, 시조문학 연간집.

| 관촌 김창현의 시조 평설 |

보람찬 사도의 길과
잔을 다 채우지 않는 삶의 지혜

문 복 선 (시조시인, 시조문학문우회 회장)

1. 머리말

 관촌 김창현 시인은 평생 교육자로서 사신 분이다. 초등학교 다닐 때부터 말도 잘 하고 재치와 유머감각이 뛰어났으며, 특히 어렸을 때부터 문학에 관심이 많았다. 하여 일찍이 〈시조문학〉(1991)지를 통해 시조단에 등극하였다. 한국문인협회, 한국시조시인협회, 한국불교문인협회, 한국아동문예작가회 등 여러 문학 단체에서 열심히 작품 활동을 하고 있다. 또한 문학 평설집 『한국현대시조연구와 향방』을 비롯해 글을 열심히 쓰고 있다. 그 결과로 '정훈문학상' 등 많은 상을 받았다. 그의 작품에 대한 열징으로 『그 섬에 살고 싶다』외 많은 창작집을 냈다. 지금도 창작활동에 열심이다.
 보내온 작품을 바탕으로 10여 편을 선정하였다. 작품

감상의 효율적 접근을 위하여 시적 소재와 그 내용에 따라 다음과 같이 다섯 단계로 분류하였다. 첫째 보문산 종소리를 타고 내려오는 대전의 인정을 담은 작품 3수, 둘째 고사리 손에 물든 사도의 향기를 담은 작품, 셋째 우리의 전통문화에 대한 사랑을 노래한 작품 2수, 넷째 삶의 고단함을 노래한 작품 2수, 끝으로 삶의 지혜를 노래한 작품 3수가 그것이다.

모든 문학작품은 언어적 조직이요, 그 구조다. 작품 속에 들어온 모든 시적 소재와 그 배경을 통하여 무엇을 노래했으며, 또 이들을 어떻게 시적 진실의 세계로 끌어올려 형상화했는지를 알아본다. 그리고 시적 언어 선택과 구성 및 그 구사력, 표현 기교 등을 알아본다. 작품에 묻어 있는 시인의 정서적 바탕과 아울러 작품의 통일성과 완결성을 확인해 본다. 그리고 작품 속에 깃들여 있는 시인의 삶에 대한 가치관과 인생관이 무엇인지를, 언어적 구조와 시적 배경을 분석함으로써 접근해 본다.

2. 보문산 종소리 타고 내려오는 대전의 따뜻한 인심

원래 충청도는 예부터 인심이 좋기로 이름난 고장이다. 대전도 충청도다. 따끈한 칼국수 한 그릇에 모두 다 이웃사촌이 되고, 또 이웃엔 보문산과 대청호의 아름다운 모습이 자리하고 있다. 대전의 인정과 아름다운 주변 정경을 자랑으로 노래하고 있다.

논두렁 홍두깨 웰빙 칼국수가
푸짐한 시골 인심 밀가루 참맛 자랑
풀뿌리 한밭 이름 올려 명품 국수 세상 뜨고.

높고 푸른 가을 하늘 대풍작 몰고 와서
땀 흘린 농민들 마음씨 알아 준 듯
반가운 이웃사촌이 오늘 따라 정답고.
　　　　　　　－「대전 칼국수 축제」 전문

　1989년 대전시와 대덕군이 합쳐 직할시로 승격했다. 교통 요충지요, 명승고적으로 유성온천과 칠백의총, 계룡산 등이 있다. 해마다 여러 가지 축제가 있겠지만, 가을철엔 칼국수축제가 열리나 보다.
　위 작품 첫째 수는, 웰빙 칼국수를 만드는 과정과 칼국수 자랑을 하고 있다. 칼국수는 밀가루를 반죽해 방망이로 얇게 밀어 칼로 가늘게 썰어서 만드는 국수다. 맛도 좋고 몸에도 좋다 보니 '웰빙' 칼국수라 했나 보다. 여기에 푸짐한 시골 인심을 더했으니 정말로 칼국수의 맛이 무척 좋을 것 같다. "어떠한 신분이라도 인심을 쓸 수 있는 한 행복하다. ~그것은 자기 자신을 생각하는 데서 마음을 돌려주는 행복인 것이다" 프랑스 사상가 파스칼(17c)의 말이다. 따뜻한 인심을 듬뿍 얹어주니 한밭의 '명품 칼국수'가 세상에 뜰 수밖에 없겠다. "광에서 인심 난다"는 속담도 있거니와 대전의 인심은 논두렁에서 자라는 것 같다.

둘째 수를 보자. 높고 푸른 가을 하늘에 대풍작이 들었다. 얼마나 기쁘고 다행인가. 왠지 쓸쓸하고 서글픈 계절이 가을이지만, 가을은 모든 사물이 여무는 '열매의 계절'이요, '수확의 계절'이다. 가을은 차고 이지적이면서도 분화구 같은 열정으로 모든 사물에 대한 존재 의미를 부여한다. 가을 하늘은 무한히 멀고 넓고 높고 큰 무한자다. 이 무한자야말로 하늘의 본질이요 하늘의 정신이다. 무한자로서의 자연은 땀을 흘린 농민들의 마음을 알고 있다. 대개 행복하게 지내는 사람들은 땀을 흘리는 노력가이다. 노력의 결과로서 오는 어떤 성과의 기쁨 없이는 누구나 참된 행복을 누릴 수는 없는 것이다. 수확의 기쁨은 그 흘린 땀에 정비례한다. 땀을 흘리는 것은 명예스러운 일이다. 땀은 고등동물인 사람만이 흘릴 수 있는 특권이기 때문이다. 자연은 순수하고 진실하며, 서로 이웃사촌처럼 살아가는 사람들을 배반하거나 기만하지 않는다. 하느님이 좋아할, 대전 논두렁 사람들의 웃음소리가 들리는 듯하다. 꾸밈이 없고 진실하며, 있는 그대로의 따뜻한 삶의 모습을 노래한 작품이다.

    구름이 바람 타고 가랑잎 굴러가듯
    개나리 노란 꽃잎 민들레 지켜 섰다
    솔 향이 피톤치드 뿜으며 돌아가는 탑돌이.

    산새가 날아오면 파랑새도 깃을 치고

꽃봉오리 이슬방울 잎새 아래 돌아설 때
종소리 산자락 모롱이 돌아 꽃등 타고 내려오네.
ㅡ「보문산성」전문

위 작품은, 종소리가 꽃등 타고 내려오는 보문산성의 아름다운 정경을 노래한 내용이다. '보문산'은 대전 중구에 있는 산으로, 백제 때 쌓은 산성이 있다.

첫째 수는, 보문산성의 아름다운 봄의 풍경을 리얼하게 노래했다. 봄바람 따라 산머리를 스치는 구름이 가볍게 흘러간다. 구름은 자유자재로 변하면서 대지에 빛을 던지기도 하고, 때론 그림자를 내리기도 한다. "구름은 어린이와 같이 온순하고 부드러우며 평화롭다" 독일 시인 헤세(19~20c)의 말이다. 또한 구름은 욕심이 없고 신성하며 자유롭다. '바람'은 보이지 않는 악기다. 특히 푸른 솔밭에서 불어오는 바람이 우리에게 청량감과 쾌감을 주는 것은 바람이 가시가 없고 모가 나지 않았기 때문이다.

중장을 보면, 개나리와 민들레가 활짝 피었다. 푸른 소나무 아래 온 산이 노란 양탄자를 깐 것 같다. 꽃은 사랑의 속임 없는 언어로, 하느님이 인간에 내린 가장 아름다운 선물이다. 개나리의 꽃말은 '잃어버린 사랑을 찾았다'요, 민들레는 '내 사랑 그대에게'다. 꽃송이는 작고 볼품없어도 화려한 색채를 온 산과 언덕에 깐다. 종장, 솔 향내가 피톤치드 뿜으며 탑돌이처럼 돌고 있다. 재미있고 멋진 표현이다. 솔밭에서 풍기는 향내는 맑고도 깊은 느낌을

준다. '피톤치드(fitontsid)'는 나무로부터 방사되어 주위의 미생물 등을 죽이는 작용을 하는 물질이다. 나무의 향기 성분인 테르펜유가 이에 해당한다. 산림욕 효용의 근원이 된다. 보문산성 전체가 정말 청정하고 향기 가득 찬 아름다운 유토피아 같다.

첫째 수가 주로 시각적이라면, 둘째 수는 주로 청각적이다. 새들이 날아들고 또 깃을 친다. 새는 자유의 상징이다. 지나친 욕심 없이 자연의 순리대로 살아가는 것이 새들이다. "새는 울어/ 뜻을 만들지 않고/ 지어서 교태로/ 사랑을 가식하지 않는다" 어느 시인의 시구의 일부다. 새들이 지저귀는 숲의 아래로는 꽃봉오리들이 맑은 이슬을 머금고 있다. 이 얼마나 아름다운 정경인가. 꽃이 피고 새가 우는 봄, 여기에 종장을 보면, 산기슭 따라 종소리가 꽃 등을 타고 내려온다. 산 어딘가에 암자가 있고, 그 암자에서 울리는 예불 종소리이리라. 이쯤 되고 보면, 아름답고 청정한 불토가 아니겠는가. 바닥에 낙원사상이 깔려있는 작품이다. 보문산성의 아름다운 정경을 시·청각적 이미지를 통해 잘 묘사한 작품이다.

> 태봉산 감나무 골 산골짜기 아랫동네
> 다랑이 논 밭머리 노을처럼 익던 홍시
> 내 고향 황소 풀 뜯던 언덕배기 방앗간.
>
> 연자방아 삐걱대며 돌아가던 수레바퀴

> 망향탑만 우두커니 지켜 섰던 모롱이 길
> 뒷동산 새소리 곱게 옛 추억을 흘러내고.
> 　　　―「대청호 오백 리 길」 전문

　위 작품은 대청호에 묻어둔 옛 고향 풍경을 회상하는 내용이다. 대청호(댐)는 충북 청원군과 충남 대덕군 신탄진 사이의 금강에 세운 다목적 댐이다. '오백 리 길'은 대청호의 길이가 그만큼 길다는 뜻이다.

　첫째 수를 보면, 화자는 대청호에 묻힌 옛 고향의 아름다운 정경들을 더듬으며 회상하고 있다. '태봉산'은 충북 청주시 상당구에 있는 산으로 원래는 가래산(533m)이었으나 조선시대 영조대왕 태실이 있다 하여 바뀐 이름이다. 산줄기 아래 감나무 골을 비롯해 조그만 마을들이 있었으리라. 댐 막이로 계곡과 언덕, 논과 밭, 집과 길 등이 모두 물에 잠겼다. 그야말로 상전벽해(桑田碧海)의 변화를 가져온 것이다. 그러니 다랑이 논과 밭은 물론 홍시도 없어지고 소들이 풀을 뜯던 언덕, 뛰어놀던 길도 방앗간도 모두 사라졌다. 말하자면 옛 고향의 아름답던 풍광과 삶의 터전 모두를 상실한 것이다. 내가 태어나고 자라던 옛 고향, 고향에 대한 집념이란 인간에겐 숙명과도 같은 것이다. 고향산천은 어떠한 명승지보다 아름다운 곳이다. 고향이란 사람의 가슴엔 사랑과 그리움의 원류요, 때로는 눈물의 원천이기도 한 그 곳, 버리려야 버릴 수 없는 영원한 모토(母土)다. 특히나 본인의 뜻과 상관없이 떠난 실향민에게는 하나의 영원한 종교와도 같은 것이 고향이다. 사실 실향민들은 정든 옛 고향을 강탈당한 것이다. 그들에겐 어떠한 보상도 고향에의 사랑과 그리움과 인정만 못한 것이다.

둘째 수, 화자가 쏟아내는 고향에의 아름다운 정경들이 계속 펼쳐진다. 산언덕 아래 삐걱대며 돌아가는 연자방아는 얼마나 멋스럽고 낭만적인가. '연자방아'는 마소로 끌어 돌려서 곡식을 탈곡도 하고 제분도 하는, 돌로 만든 큰 매다. 화자가 현재 바라보고 있는 현실의 모습으론, 대청호의 푸르고 깊은 물과 모퉁이 길가에 달랑 세워놓은 '망향탑'뿐이다. 또한 들리는 건 무심히 지나가는 바람소리와 물결소리와 뒷산에서 지저귀는 산새소리뿐이다. 백 번을 바라보고 들어본들 무엇하겠는가. 세월은 모든 것을 변화시킨다. 화자는 옛 추억에 젖어 가슴 아린 옛 고향의 아름다운 모습을 대청호 물속에서 건져 올리고 있다. 짜릿한, 영원한 '향수'를 구체적으로 이미지화한 작품이다.

3. 고사리 손에 물든 사도의 향기

김창현 시인은 성실하고 올곧게 살아온 분이다. 특히나 한평생 사도의 길을 걸어온 김 시인은 어떠한 세속적인 욕심 없이 오직 어린이들을 바르게 이끄는 그것뿐이었다. 다음 두 작품을 통해 교육자로서 얼마나 열정으로 살았는가를 살펴본다.

고사리 손을 잡고 사랑으로 엮은 세월
되돌아 둘러보니 병풍 되어 다가서고
환하게 피어 있는 꽃 뉘 웃음이 그만 하랴.

배고픈 사도의 길 웃음으로 승화시켜
한 걸음 또 한 걸음 묵묵히 일군 족적
밤하늘 북극성 되어 희망으로 남으리.
　 ―「꿈길 밖에 길이 없어」둘째 수, 넷째 수

　위 작품은 다섯 수로 되어 있으나 두 수만으로도 충분히 그 내용에 접근할 수가 있다고 생각된다. 시제에서 '꿈길'이란 무엇인가. 시의 내용으로 보아 '후학을 가르치는 길', 즉 사도의 길이다. "희망이란 눈 뜨고 있는 꿈이다" 고대 그리스 철학자 아리스토텔레스의 말이다. 꿈은 자기가 하고자 하는 일, 즉 삶에 있어서의 희망이다. 사람의 삶은 언제나 희망과 연결된다. 직업을 보더라도, 밭에 씨앗을 뿌리는 농부가 있고, 고기를 잡는 어부도 있으며, 염전에서 소금을 긁어모으는 염부도 있다. 미술가가 있는가 하면 음악가도, 시를 쓰는 시인도 있다. 사람이 갖는 직업이야 얼마나 많은가. 그런데 화자는 '사도의 길'을 선택했다 사도의 길은 큰 명예가 있는 것도 아니요, 또 돈을 많이 버는 것도 아니며, 우러름을 받는 직업도 아니다. 사도의 길은 아이들, 즉 후학들을 바르고 쓸모 있게 가르쳐서 가치 있고 사람다운 삶을 살게 하기 위한, 오직 정성과 사랑과 헌신의 길이요, 모든 것을 인내하고 극복해야 하는 고난의 길이다.

소개한 첫째 수를 보면, '고사리'는 귀여운 아이들을 비유한 말이다. 아이들과 함께 사랑으로 엮은 한세월이 병풍처럼 아름답게 다가온다. 그리고 환하게 핀 꽃, 즉 어린이들의 바람직한 성장을 예찬하고 있다. 세상에 '손'처럼 묘한 것이 없다. 손은 인간의 문화를 창조하는 천재다. 손은 사람을 대표하는 사랑의 상징물이다. 고사리 같은 손, 얼마나 귀엽고 사랑스러운가. 그 귀여운 손과 어울리기 한평생이다. 이를 회상하는 화자는 병풍을 끌어들인다. 멋지고 아름다운 글씨나 그림을 그린 것이 병풍이다. 종장에선 어린이를 활짝 피어나는 꽃에 비유했다. 아무리 사람의 웃음이 예쁘고 아름답고 진실하다 해도 어린이들의 그것에 비교하겠는가.

다음 수를 본다. 앞에서의 어린이에 대한 예찬과는 달리 힘들었던 사도의 길을 노래했다. 앞에서 말했듯이 사도의 길은 힘들고 고단하다. 인생보다 더 어려운 예술은 없다. 그 어려운 예술을 하는 사람이 바로 선생이다. 선생은 촛불 같은 존재로, 학생들의 삶을 계발하면서 스스로는 타며 소멸하는 존재다. 스승은 그러한 사명감을 가지고 아무리 배고프고 힘들어도 웃으면서 이를 승화시킨다. 생각하는 동물로서 웃음을 아는 것은 인간밖에 없다. "웃음을 포함하지 않는 진리는 진리가 아니다" 독일 철학자이자 시인인 니체(19c)의 말이다. 모든 어려움을 극복하고 승화시키면서 한 걸음씩 살아온 선생으로서의 족적, 즉 발자취는 종장 "밤하늘 북극성이 되어 희망으로 남으리"라고 화자는 스스로를 긍지 있게 위로한다. 모든 것이 뒤섞이는 밤은 진실을 말해준다. 진실 속에 비치는 별은 비록 작지만 아름답고 신성하며, 사람에게 꿈과 지혜를 준다. '활짝 피어나는 꽃의 웃음과 북극성의 희망'을 조화롭게 연결시켜 이를 시적 진실의 경지에까지 끌어올린 좋은 작품이다.

4. 우리의 전통문화에 대한 관심과 사랑

김창현 시인은 우리의 고유한 전통문화에 대한 관심과 사랑이 남다르다. 누구나 우리의 전통문화에 대한 관심과 사랑은 당연한 우리의 의무요 책무다.

> 계족산 낮은 중턱 송촌 골 자리 잡은
> 땡볕 햇살 펼쳐지면 양지뜸 모롱이엔
> 아담한 이층 사랑방 대금 소리 하늘 올라.
>
> 가을비 내리던 전국한밭 시조백일장
> 비 갠 뒤 코스모스 춤추다 한들거릴 때
> 한밭 땅 문화 뿌리가 대전문학관 심었네.
> ―「대전문학관」 전문

위 작품은 한밭의 문화의 뿌리인 '대전문학관' 모습과 문화행사 내용을 노래했다. 첫째 수는 문학관의 위치와 멋스런 문화행사 장면을, 둘째 수에선 문학관에서의 백일장을 실시하는 모습을 노래했다. 첫째 수, '계족산'은 대전시 대덕구에 있는 산으로, 길이 1650m의 계족산성(사적 355호)이 있고, '황토길'을 비롯해 그 풍광이 매우 아름답다. 송촌 골 언덕에 자리한 '대전문학관'은 2010년에 문을 열었다. 따뜻한 햇살이 금빛으로 내릴 때쯤 문학관 사랑방에선 멋진 대금 소리가 은은히 울린다. '뜸'은 한 동네 안에서 몇 집씩 따로 한데 모여 있는 구역이다. '대금'은 국악에서 사용하는 목관악기다. 13개 구멍에서 나오는 소리가 은은하고 깊이가 있으며, 맑고 부드럽다. 아름다운 우리의 혼이 하늘 높이 오르는 소리로 들리리라.

둘째 수는, 지난 날 '전국한밭시조백일장'을 실시하던 때의 회상이다. 물론 백일장을 실시하는 시기로는 대개 봄과 가을이다. 그 날엔 가을비가 내렸나 보다. 가을은 이지와 열정이 대립하는, 쓸쓸하고 서글픈 계절이다. 코스모스가 한들거리며 춤을 추고 낙엽이 뒹굴며 높아만 가는 파란 하늘을 처다만 보아도 이유 없이 서글퍼지는 것이 가을에서만 느낄 수 있는 아름답고 순수한 감정이다. 이런 이유로 해서 백일장은 대개 가을철에 한다. '대전문학관'은 단순히 서 있는 건물이 아니라 한밭의 문화의 뿌리요, 그 전당이다. 문화란 인간의 마음의 등불이요, 생명을 이끄는 가치적 등불이다. 인간의 가치는 정신적이든 물질적이든 결국 문화의 가치다. "문명인이 문명인 것은, 그가

참여하고 있는 문화에 의한 것이다. 이 문화적 성질의 궁극적 척도가 되는 것은 그 곳에 번영하는 예술이다" 미국 철학자이자 교육사상가인 듀이(19~20c)의 말이다. 한밭 문화의 뿌리가 더욱 깊어지고, '대전문학관'의 역할이 더욱 왕성하길 바란다.

> 돌림판 땀방울 아래 햇살자락 밀려오다
> 상감청자 말린 시렁 유약 마를 한나절 쯤
> 그 많은 신명 바쳐서 정열대 오른 불가마 솥.
>
> 밤이면 품속으로 파고들던 바람 떼가
> 아직도 솎아내던 양지 바른 장작 불꽃
> 한 핏줄 맥락을 잇고 오는 물려받은 비법 하나.
> ―「분청사기상감화문병」 전문

위 작품은 '분청사기상감화문병'의 제작 과정과 그 비법을 노래한 시다. 첫째 수, '돌림판'은 잘 다진 흙을 돌림판에 올려놓고 돌려가며 그 형태를 만들어간다. 말하자면 돌림판은 도자기 공예에서 사용하는 회전 기구다. 햇살이 밀려오는 작업장에서 열심히 작업을 하다 보니 땀이 날 수밖에 없다. 땀은 거짓말을 하지 않으며, 그 결과에 따라 보상을 충분히 해주는 것이 땀이다. 햇살보다 더 강렬한 것이 돌림판을 돌리는 작업자의 열정이다. 상감청자를 시렁 위에 올려놓고 적당히 말린 후에 유약을 바른다. 유약은 잿물이다. 신명, 즉 정성을 다해 제작한 상감청자는 정렬대에 놓여 불가마 솥으로 들어간다. 우선 구워내기 전까지의 제작과정을 상세하게 묘사했다.

둘째 수는, '장작 불꽃을 솎아낸다' 했는데, 불꽃 화기의 강약을 조절하는 과정으로 이해된다. 이런 모든 과정들이 그 나름대로의 비법이 있을 것이다. 이를 대대로 이어오고 있는 상황을 자세히 노래하고 있다.

'분청사기상감화문병'은 고려청자 뒤를 이은 조선시대 자기다. 청자에 백토의 분을 발라 다시 구워낸 것으로, 회청색 내지 회황색을 띤다. '상감'은 금속, 도자기 등의 겉면에 무늬를 새기고, 거기에 금·은·자개 등 다른 재료를 끼워 장식하는 기술이다. '화문병'은 여러 가지 꽃무늬를 그린 병이다. 화자의 우리 전통문화에 대한 관심과 사랑, 그리고 세밀한 관찰력이 돋보이는 작품이다.

5. 고단한 삶이 바로 인생이다

작품 「겨울 갯마을」과 「바람의 언덕」에선 우리의 삶, 특히 서민들의 삶이 얼마나 어렵고 고달픈지를 노래한 시다. 이를 김창현 시인은 따뜻한 가슴과 명석한 눈을 통해 구체적으로 제시하고 있다.

> 내 어릴 때 보릿고개 굶고 지낸 가난 흉년
> 긴긴 겨울 피눈물 났던 슬기로 살아오며
> 먼동이 환히 밝아오면 하얀 연기 피었고.

굴 바구니 호미 하나 어린아이 등에 업어
하얀 눈발 뒤집어 써 손발도 얼어 터져
개아도 고향 앞바다 스크린이 지나가오.
— 「겨울 갯마을」 전문

위 작품은 추운 겨울 갯마을의 고통스런 삶의 모습을 노래하였다. 첫째 수는, 가난에 굶주린 삶의 고통을 슬기롭게 극복한 사연을, 둘째 수는 추운 겨울 어머니의 고통스럽고 눈물어린 삶을 노래했다. 첫째 수 "내 어릴 때"로 보아 내용은 회상적이다. 시제 자체만 보아도 힘들고 고통스럽고 눈물이 나는 삶의 상황을 상징하고 있다. 우선 '겨울'은 어떤 계절인가. 겨울은 회상과 우울과 고독한 폐쇄의 계절이다. 그것은 화려했던 지난 계절을 돌이켜 보고 또 한 해가 지나가는 허탈감 속에서 차가운 밤바람 소리에 가슴을 죄는 계절이다. 이러한 계절을 맞는 갯마을의 정황은 또한 어떠한가.

'갯마을'은 갯가에 있는 마을, 즉 어촌이다. 옛 갯마을은 육지이면서 완전히 소외된 지역으로 인식된다. 가난하고 무지하며 추운 바닷바람에 여러 가지 질환이 그칠 날이 없는 곳이 갯마을이다. '보릿고개'는 묵은 곡식이 다 떨어지고 보리는 미처 덜 여물어 농가의 식량 사정이 가장 어려운 시기를 말한다. 음력 3~4월에 해당하리라. '보릿고개가 태산보다도 높다'는 속담이 있다. 춘궁기를 넘기기가 얼마나 힘들었겠는가. 설상가상으로 1950년 전후로

오랜 가뭄이 지속되어 지독한 흉년이 들었다. 초근목피도 구하기 힘든 정도였다. 가난이 죄가 아니더라도 얼마나 배가 고프고 또 부끄럽고 비굴해지는지, 가난은 하나의 죄악이다. '고통은 인생이다'라는 말도 있지만, 배고픈 고통은 정말 참기 힘들다. 그런 고통을 화자는 슬기롭게 넘겼다고 하지만 억지로 인내할 수밖에 없었을 것이다. 아침에 피어오르는 굴뚝의 하얀 연기는 아침을 짓는 것이 아니라 솥에 물만 넣고 끓이는 군불이 많았다.

둘째 수를 보자. 어린아이를 등에 업은 어머니가 바닷가 바위에 붙은 굴을 따러 간다. 바구니와 호미와 칼은 필수품이다. 추운 눈발은 계속 내리고 손발에 얼어 동상에 걸린다. 입은 옷인들 변변했겠는가. 삶의 고난의 행군이다. 겨울의 바닷가 삶은 모두 골다공증에 걸린다. 화자의 고향이 바닷가 근처다. 겨울철만 되면 옛 고향의 모습이 스크린처럼 떠오르리라. 고통스럽던 과거와 현재가 오버랩 된다. 인간에 있어 고향은 사랑과 그리움의 원류이면서 한편으론 아픔과 눈물의 원천이기도 하다. 인생의 삶은 마치 스크린처럼 돌아가는지도 모른다. 삶의 아픔과 고통을 따뜻한 가슴으로 역시 시적 진실의 세계까지 올려놓은, 공감이 가는 작품이다.

풍력발전기 오형제가 바람 언덕 지켜 섰고
고랭지 채소 밭이 산머리 휘어져도

올 같은 가뭄 흉년에 씨앗 값을 찾았는지.

땡볕 아래 구슬땀을 런닝 바람 땀 젖어도
가뭄이 목줄 타게 골 깊게 깊어가도
은행 빚 조금이라도 갚아야 살 힘 있는데.
　　　　　　　　　　ㅡ「바람의 언덕」전문

 위 시는 고랭지에 사는 농민들의 고단한 삶의 모습을 노래하고 있다. 첫째 수는, 가뭄에 고통을 겪는 고랭지 농가의 모습을, 둘째 수에선, 가뭄과 은행 빚 때문에 역시 힘들어 하는 삶의 정황을 담고 있다. 첫째 수, 풍력발전기 오형제가 돌아가는 것을 보니 역시 바람의 언덕이다. 부정적인 이미지로 보면, 바람은 고난이요 역경이다. 그런데, 여기선 발전기를 돌아가게 하는 거대한 힘의 원천이다. '고랭지'는 저위도에 위치하고 표고가 높은 한랭한 곳이다. 고원, 산지 등 여름철에도 서늘하여 감자, 메밀, 배추 등 농사짓기에 적당하다. "채소밭이 산머리에 휘어져도"는 그만큼 채소밭이 크다는 뜻이다. 헌데, 배추는 물을 먹고 자란다. 가뭄이 들면 시들거나 말라죽는다. 높은 지역이어서 물을 끌어오기도 여의치 않으리라. 자칫 뿌린 씨앗 값도 건질 수 없다.

 둘째 수, 먼지만 나는 채소밭에 구슬땀을 흘려보지만 별 대책이 서지 않는다. 초·중장 역시 땀을 흘리며 고생하는 모습이다. 육체적 고생도 고생이지만 은행 빚을 갚아야 할 텐데 상환능력이 없어 마음고생이 더 심한 것 같다. 어찌 생각하면, 살아가는 게 편안함보단 걱정이 많고, 기쁨과 행복보다는 슬픔과 불행이 더 많은 것 같다. 삶이 그렇기에 "나의 지친 마음이여, 산다는 것이 얼마나 어려운가" 라고 그리스 철학자 아미엘(19c)은 말했다. 언제나 바람이 부는 역경의 언덕, 인생의 삶의 언덕에도 언제나 고통과 슬픔과 절망의 바람이 부나 보다.

6. 잔을 다 채우지 않는 삶의 지혜

김창현 시인은 평생 동안 힘들면서도 보람찬 사도의 길을 올곧게 걸어왔다. 그렇게 고단하고 힘든 과정에서도 힘들게 사는 이웃에 대한 진정한 동정과 사랑의 마음을 갖고 살았다. 그리고 여유를 갖는 삶의 지혜와 멋스러움을 잃지 않았다.

> 월명산 하늘 저 끝, 밝아오는 멀건 새벽
> 한 세상을 반쯤 열고 해돋이로 섰던 얼굴
> 뜨거운 입김 그대로 산처럼 살련다.
>
> 말 없는 세월 따라 푸른 날개 휘젓다가
> 제 푼수 지켜가며 궁리대로 머문 텃밭
> 허물도 닦아보다가 개벽도 열어본다.
> ―「세상을 반쯤 열고」 전문

위 작품은 세상을 반쯤만 열고 푼수대로 살겠다는 삶의

지혜를 노래한 내용이다. 첫째 수는 해가 돋는 월명산(月明山, 298m)처럼 살겠다는 삶의 자세와 의지를 담고 있다. '월명산'은 충남 서천군 비인에 있는 산으로 그리 높지는 않으나 서해를 한 눈에 조망할 수 있는 아름다운 산으로 화자의 고향이기도 하다. 월명산에 여명이 비친다. 시제이기도 한 '세상을 반쯤 열고'는 작은 마을에서 태어난 화자는 아예 어렸을 때부터 희망을 갖되 큰 욕심 없이 살아왔음을 비유한 말로 이해된다. 종장 "뜨거운 입김 그대로 산처럼 살련다"에선 화자의 삶에 대한 바른 자세와 강한 의지를 보이고 있다. 여기서 '뜨거운 입김'은 '해돋이'와 연결되고, '산처럼'은 새벽을 맞는 '월명산'과 연결된다. 정리하면, 묵직한 산과 밝게 돋는 해처럼 살겠다는 것이다. 산은 우리의 좋은 이웃이다. 언제나 말없이 의연하게 살아가는 산은 너그럽고 따뜻한 가슴으로 사람을 대한다. 모든 것을 포용하면서 또 모든 것을 인간에게 제공한다. 산은 모든 것을 정화해주며 인내와 삶의 지혜를 준다. '해돋이'는 어떤가. 해는 광명이요, 희망을 상징한다. 해는 모든 생명을 탄생시키고 관리하는 자연의 자애로운 어머니다. "희망의 왕국에는 겨울이 없다"는 속담도 있거니와 "희망은 잠자고 있지 않은 인간의 꿈이다"라고 고대 그리스 철학자 아리스토텔레스는 말했다.

  둘째 수는, 허물을 닦아내고 푼수대로 살겠다는 삶의 의지를 담고 있다. "푸른 날개를 휘젓다가 푼수를 지켜가며 궁리대로 살다가 허물도 닦으면서 개벽도 열어 본다"
이는 화자의 삶의 자세가 표현된 말들이다. '푸른 날개'는
삶에의 강한 의지다. 삶을 살아가면서 삶에 대한 심각한
고민과 자각이 없다면 이는 빈 수레다. '푼수'는 알맞은 정
도를 말한다. 인간이 푼수를 모르고 살면 이는 욕심이다.
지나치지 않고 순리대로 살아가는 사람은 후회하는 일이
없다. '허물'은 잘못이요, 실수다. 분수대로 살아가는 사
람에겐 큰 허물이 없다. 화자는 자신의 허물이 있는가를
항상 확인을 하고 또 열리는 새로운 시대에도 적응을 하
며, 바르고 깨끗하고 희망찬 삶을 살아가겠다는 의지의
표현이다. 바르고 조화로운 삶의 자세와 그 가치를 창조
하고 있다.

　　슬픔의 반전처럼 기쁨의 미소처럼
　　사랑의 미쁨처럼 그리움 미련처럼
　　미련의 아쉬움처럼 잔은 채우지 않는 법.
　　　―「잔은 다 채우지 않는다」 전문

　위 작품은 제목부터가 시적이고 멋스럽다. 여유로운
삶의 지혜를 노래한 내용이다.　여기서의 '잔' '술잔'이다.
'술'은 때로는 모든 것을 파괴할 수 있다. 그래서 영국 속
담에 '술은 악마의 파괴다'라는 말이 있다. 또 '술은 민심
을 나타내고 거울은 모습을 나타낸다' 란 말도 있다. '술은
범죄자의 아버지'란 말이 있는가 하면 '술이 들어가면 지

혜가 나온다'라는 말도 있다. 이렇듯 술에 관한 말과 이야기가 많은 걸 보면 술은 사람들에게 무척 친숙한 친구인가 보다. 술은 언제나 인간에게 양면성을 보여준다. "술은 입을 경쾌하게 한다. 또 술은 마음을 털어놓게 한다. 하여 술은 하나의 도덕적 성질, 즉 마음의 솔직함을 운반하는 물질이다" 독일 철학자 칸트(18c)의 말이다. 어쨌든 술잔은 삶의 즐거움과 여유와 멋스러움을 표현할 수 있는 사물이요 그 도구다.

위 시에서, 잔을 가득 채우지 않는 것이 '슬픔의 반전'이요, '기쁨의 미소'라고 비유했다. '반전'은 위치나 방향 순서 등이 반대로 되는 것이요, 있는 형세가 뒤바뀌는 것이다. 슬픔이 반전되면 기쁨을 갖게 되고, 기쁠 때 미소 짓는 것은 당연한 이치다. 중장 '사랑의 미쁨'이요, '그리움의 미련'에 비유한 것은 무슨 뜻인가. '미쁨'은 믿음성이 있다는 말이니 잔을 가득 채우면 오히려 물이 넘치듯 사랑도 지나칠 수가 있고, '그리움의 미련'에서 '미련'은 어리석고 둔한 것을 말한다. 그리움과 사랑은 동질의 것이다. 사랑이란 우리들의 혼의 가장 순수한 부분이 미지의 것에 향하여 갖는 성스러운 그리움이다. "우리들이 쫓겨나지 않아도 되는 유일한 낙원은 그리움이다" 독일 소설가 장파울(18~19c)의 말이다. 그리움은 마음속의 거리를 유지한다. 이는 잡을 수 없고, 만약 그렇게 되면 이는 어리석은 짓일 뿐이다. 누구에게나 사랑과 그리움에의 미련과 아쉬움은 다 있는 법이다. 필요할 때 없거나 모자라서 만족하지 못하는 안타까움이 아쉬움이다. 그래서 술잔도 다 채우지 않는다는 게 화자의 생각이다. 이 얼마나 멋스럽고 여유가 있는 삶의 아름다운 자세인가. 직유와 나열로 덤덤해 보이면서도 삶의 멋진 지혜를 시적으로 형상화한 깊이 있는 작품이다. 술잔도, 삶의 지혜를 담는 잔도 결코 넘치지 말아야겠다.

> 말 많아 거칠어진 입안도 헹궈내고
> 우쭐대던 키도 낮춰 귀까지 씻었더니
> 다기에 어리는 얼굴 한 눈에 쏙 들더라.
>
> 누구나 그리움을 품고 살아가는 거
> 그 자리 이슬 받아 찬물을 얹었더니
> 다향을 먼저 맡고서 백목련이 벙글더라.
> ―「차 한 잔의 사색」 전문

위 작품은 사색적 삶의 멋과 맛을 노래한 내용이다. 첫째 수에선, 겸손한 삶의 자세를 예찬했고, 둘째 수에선, 다향(茶香) 같은 그리움을 살아가는 삶의 모습을 노래하고 있다. 앞에서의 '술잔'과는 달리 여기선 분명히 '찻잔'이다. '사색'은 어떤 것에 대하여 깊이 생각하고 그 이치를 찾는 것이다. 이 때 제격에 어울리는 것이 바로 '차'다. 차는 누구와 함께 마시느냐가 중요하다. 일단 '차'는 사람의 번민과 세속적인 때를 제거해주는 기능과 속성을 가지고 있다. 차는 지상의 청순과 고결함의 상징이다. 따라서 차를 즐기는 데는 모든 형식이나 사치스런 유혹에서 벗어나야 한다. 대개 '차'의 상징성은 우정과 소통, 순수와 고결 그리고 유덕과 여유와 은둔이다.

첫째 수 초장을 보면, 말은 함부로 하는 것이 아니다. 말은 곧 그 사람의 마음이요, 정신이며 혼이다. '인간에 있어서 말은 고뇌를 고치는 의사다'란 말이 있다. 말을 하려면 침묵보다 뛰어난 말을 해야 한다. 자꾸 말을 하다보면 의도적이든 아니든 실수를 하게 된다. 이는 자신의 인격과 연결된다. 말로 인한 허물을 한 잔의 차로 헹궈 내겠다는 화자의 마음은 매우 진지하다. 또 우쭐대던 자세를 낮춰 귀까지 씻겠다는 자세는 범속을 초월한다. 이렇듯 몸과 마음을 깨끗이 정화하고 나니 찻잔에 비친 자신의 참모습이 제대로 보인다는 화자의 독백이다.

둘째 수, "누구나 그리움을 품고 살아가는 거"라고 노래했다. 인간의 정서 중에 가장 깊이 있고 넓게 자리하고 있는 것이 '그리움'이다. 앞에서 말을 했거니와, 그리움은 아무리 세탁하고 헹궈도 지워지지 않는 낡은 옷자락의 자국 같은 것이다. 그리움을 간직하고 살아가는 사람은 행복한 사람이다. 화자는 그리움의 자리에 차가운 이슬을 받아 얹는다. 그러나 그리움이 가시거나 변할 리가 있겠는가. 종장, "다향을 먼저 알고서 백목련이 벙글더라" 여기서 맑고 깨끗하고 하얀 이슬에 젖은 그리움이 백목련에 연결된다. '이슬'은 순수하고 투명하며 정교하다. 또 고결하고 아름다우며 애잔한 그리움을 내포하고 있다. '백목련' 또한 순결하고 신비스럽고 황홀한 정감을 펼친다. 고결한 눈시울엔 언제나 그리움이 매달려 있다. 이렇듯 이슬과 백목련은 애잔한 그리움의 상징성을 띠고 있다. 차 한 잔의 사색에서 화자는 삶의 겸손을 배우고 그리움을 마신다. 인간의 삶의 깊이에 잠재해 있는 정서를 시적 경지에까지 끌어올리는데 성공한 수작이다.

7. 맺는말

이미 소개했듯이 김창현 시인은 한평생 교육자로서 모든 열정을 다 바치고 또 올곧고도 소신 있는 삶을 살았다. 특히나 학창시절부터 우리의 고유한 전통시인 시조문학을 연구하고 작품 창작활동에 심혈을 기울인 시인이다.

김 시인의 작품은, 교육자에 물든 사도의 향기와 대전의 아름다운 주변 풍광과 넉넉하고도 따뜻한 인심을 담고 있다. 한편, 우리의 전통문화에 대한 관심과 사랑이 매우 깊으며, 또 힘들고 고통스럽게 사는 이웃들에 대한 진심 어린 동정과 늘 함께 하는 마음을 노래했다. 끝으로 김 시인은 잔을 다 채우지 않는, 분수대로 고결하게 살아가는 삶의 지혜를 터득한다. 차 한 잔을 마시며 인생에 대한 깊은 사색과 여유로운 삶의 맛과 멋을 음미하면서 살아가고 있는 모습을 노래했다.

　김 시인은 사물을 보는 직관력과 이에 상상력을 가미하여 모든 소재를 하나의 시적 조화의 세계에 담는다. 시어 선택과 그 구사력도 평범하면서도 자연스러워 독자들에게 친밀감을 갖게 한다. 또 시적 표현기교도 매우 자연스럽다. 결코 덧칠하거나 과장하지 않아 진정한 표현기교의 진실한 순수성을 유지하고 있다.

　김 시인의 작품을 보면, 일관되게 흐르는 것이 있다. 인간을 포함한 모든 사물에 대하여 긍정적으로 포용하며 깊은 애정을 갖고 있다는 것이다. 이것이 김 시인의 가치관이요 인생관이다. 순수하고 아름다운 자연현상과 진실하고 고결한 인간의 삶이 서로 어울려서 하나의 자연스럽고 멋진 조화의 세계, 이를 예술적 진실의 경지로 끌어올려 작품으로 형상화하는데 김 시인은 성공했다. 더욱 건강하고 여유 있는 지혜의 삶을 누리길 기원한다.

■관촌 교육자료, 새교실, 대전일보, 중도일보 작품조사

1971. 9 동명이인(同名異人) 교단아라비안나이트. 76話. 새교실
1975. 9 「개구리도 배꼽이 있나?」 교단아라비안나이트. 183話. 새교실
1976. 6 동가홍상(同價紅裳) 도별 수필릴레이. 새교실
1977. 9 중추절을 분수에 맞게 지냅시다 〈독자의 광장〉 충남일보.
1977.10 「외딴섬」(동시) 〈어린이 동산〉. 충남일보.
1977.11 「가을」(시) 충남일보.
1977.11 「우리언니」(동시) 충남일보.
1977.12 「글짓는 마음」(동시) 충남일보.
1978. 8 「생각나는 것」(동시) 대전일보.
1978. 8 「매미」(동시) 대전일보.
1978. 8 「동백정(冬栢亭)」(시) 대전일보.
1978. 8 「석양(夕陽)」(시) 대전일보.
1978. 9 「초추(初秋)」(시) 대전일보.
1978.10 「늦가을」(시) 대전일보.
1978.10 「허수아비」(시) 대전일보.
1978.11 「추수」(시) 대전일보.
1979. 2 「소망(所望)」(수필) 대전일보.
1979. 8 「국기와 물자절약」(수필) 대전일보.
1979.10 「골목길에서」(수필) 대전일보.
1980. 7 「전화유감」(수필) 대전일보.

1980. 9 「망둥이 IQ」(수필) 대전일보.

1980. 9 「가을의 미소」(수필) 대전일보.

1980.11 「금강포구」(수필) 대전일보.

1981. 3 「삼월이 오면」(시조) 대전일보.

1983. 5 「부처님 오신 날」(시조) 대전일보.

1987. 7 「가보의 가치기준」(수필) 대전일보.

1988. 8 「우리말을 바르게 사용하자」(수필) 대전일보.

1989.11 「계족산」(시조) 대전일보.

1989.11 「고향」(시조) 대전일보.

1991. 6 「별빛은」(시조) 대전일보.

◆ 중도일보

1989.10 「저녁놀」(시조) 중도일보.

1990. 1 「아침」(시조) 중도일보.

1990. 4 「안개 덮힌 계룡산」(시조) 중도일보

◆ 교육자료

1987.　　시조 1회 추천

1988.　　시조 2~3회 추천 완료

◆ 중앙일보

「녹두꽃」(1989.11.3.) 김제현 교수

◆ 샘터

「씨앗」(1992.3월호) 윤금초 시인

「된장국」(1992.4월호) 유재영 시인

「우리 아기」(1993.8월호) 박시교 시인. 총15수

관촌(冠村) 김창현(金昌鉉) 저서

1. 『개구리도 배꼽이 있나』 수필집. 1982.
2. 『말더듬이의 하소연』 수필집. 1989.
3. 『가슴냇가에 흐르는 사랑』 시조집. 1991.
4. 『바람이 밀어주는 그네』 동시조집. 1994.
5. 『이승과 저승 사이』 시조집. 1995.
6. 『세월의 길목』 시조집. 1996.
7. 『고향노래』 동시조집. 1998.
8. 『한국현대동시조선집』 1999.
9. 『불당골 메아리』 시조집. 2000.
10. 『고향햇살밭』 시조집. 2001.
11. 『달동네 판소리여』 시조집. 2002.
12. 『낮달 뜨는 고향언덕』 동시조집. 2003.
13. 『배흘림햇살기둥』 시조집. 2003.
14. 『아지랑이 일던 가슴』 장시조집. 2005.
15. 『문턱 너머 지구촌』 시조집. 2006.
16. 『햇살이 길게 누울 때』 공동시집. 2007.
17. 『별꿈나라 꽃대궐』 시조집. 2007.
18. 『월명산 진달래꽃』 정형시집. 2010.
19. 『글꽃 피는 꽃동네』 동시조선집. 2011.
20. 『한 많은 어머니 눈물』 시집. 2012.
21. 『한국현대시조의 연구와 향방』(1) 평설집. 2014.
22. 『등대도깨비』 동시집. 2014.
23. 『그 섬에 살고 싶다』 정형시집. 2015.

24. 『대청호 오백리길』 정형시집. 2016.
25. 『추억은 아름답다』 정형시집. 2017.
26. 『한국현대시조의 연구와 향방』(2). 평설집. 2017.
27. 『관촌단형시조선집』 정형시집. 2017.
28. 『가난이 무슨 죄여?』 수필집. 2017.
29. 『한국현대시조의 연구와 향방』(2) 평설집. 2018.
30. 『한국누정시조(韓國樓亭時調)』 정형시집. 2018.

▍관촌(冠村) 김창현(金昌鉉) 문학상

1. 전국 청소년의 달-내무부치안본부장상-전국표어공모입상. 1980
2. 제23회 전국통일문예현상공모 최우수상-부총리겸통일원장관상 표창. 1992.
3. 아동문예문학상. 한국아동문예작가회이사장. 1993.
4. 한국동시조문학상. 한국아동문예작가회이사장. 1994.
5. 대한민국국민훈장 동백장. 수훈. 대한민국교육부. 1999
6. 한국불교문학상. 한국불교문인협회장. 2003.
7. 한국인터넷문학상. 문학사랑협의회이사장. 2003.
8. 황산시조문학상. 시조와비평(계간)-부산. 2003.
9. 대전문학상. 한국문인협회대전광역시지회장. 2005.
10. 한국청소년문학상. 본상. 한국아동문예작가회이사장. 2009.
11. 한국시조문학공로상. 시조문학(계간) 김준. 발행인. 2013.
12. 한국동시조문학공로상. 한밭아동문학가협회장. 2013.
13. 대한아동문학상. 한국아동문예작가회이사장. 2014.

14. 한밭시조문학상. 대전시조시인협회장. 2014.
15. 정훈(丁薰)문학상. 대상. 정훈문학상운영위원회위원장. 2016
16. (계간)문학사랑 문학발전공로상. 문학사랑협의회이사장. 2017.

▎관촌(冠村) 김창현(金昌鉉) 논문(평설)

1. 어린이들에게 동시조 짓기를!.대전중리초등학교신문. 제7호.1993. 2.15.
2. 시조교육의 문제점과 개선 방향. 한밭시조문학. 제7집.1995.
3. 꿈틀거린 동시조-이달의 아동문학칼럼-아동문예.1995.12월호.
4. 우리 시조문학의 시대적 고찰-시조집-거북선을 중심으로-가람문학. 제8집.1997.
5. 재미있는 동시조짓기 지상강좌-아동문예.1997. 12월호~2000.4월호.
6. 채정순 동시세계-동시집 발문-바람개비는 바람을 좋아하나 봐-아동문예.1999.
7. 대전.충남시조사연표. 한밭시조문학.제11집.1999.
8. 대전시조의 전개양상과 맥락. 한밭시조의 뿌리찾기-가람문학.제21집.2000.
9. 아동심리의 본질로 반죽된 어린이 특성-대전동시조창간호.2000.
10. 한국동시조사연표.대전동시조. 제2호.2001.

11. 아동문학과 동시조의 접목-대전동시조. 제4호. 2003.
12. 정완영 동시조의 시어적 이미지연구. 문학사랑(평론부문-신인상). 겨울호. 2004.
13. 황산문학과 생애(3) 황산의 시조혼과 한밭의 흔적. 〈문집〉시조와비평. 2004.
14. 충청권 동시조문학의 시맥과 전개양상-현대동시조. 제7집. 2006.
15. 충청권 동시조 작가를 찾아서(1). 현대동시조. 제8집. 2007.
16. 충청권 여류시조작가를 찾아서(2). 현대동시조. 제9집. 2008.
17. 동심으로 반죽되는 순수성의 미학. 윤황한-동시조집. 아동문예. 2009.
18. 충청권불연시조문학의 시대적 고찰(1). 현대동시조. 제8집. 2007.
19. 자연환경의 신비를 버무리는 순수성의 미학. 조혜식-동시조집. 오늘의문학사. 2010.
20. 홍겨운 마음결의 노래, 그 간결미학. 채정순 동시조집. 아동문예. 2010.
21. 충청권불연시조문학의 시대적고찰(2). 중도문학. 제16호. 2010.
22. 논강 김영배(1931-2009)의 생애와 현대시조(동시조)문학. 한밭아동문학. 제11호. 2010.
23. 소산 신재후(1931-2010)의 생애와 현대시조(동시조)문학. 대전문학. 봄호. 2011

24. 상상력을 일깨우는 동심의 접근. 김숙 동시조집. 오늘의문학사. 2011.
25. 슬기 꽉찬 절제미와 직유법의 미학. 시천. 유성규 동시조집). 한밭아동문학. 제12호. 2011.
26. 작촌조병희(1910-2002)의 생애와 현대시조(동시조)문학. 향촌문학. 제22집. 2011.
27. 금산 박석순(1936-2011)의 생애와 현대시조(동시조)문학. 한밭아동문학. 제13집. 2012.
28. 봉곡 박준명(1929-2008)군수의 생애와 현대시조문학. 향촌문학. 제23집. 2012.
29. 만오 김영수(1913-1998)의 생애와 현대시조문학. 한밭아동문학. 제14집. 2013.
30. 친환경적 서정시와 사물시의 융합시학. 배정태 동시조집. 오늘의문학사. 2013.
31. 생동감이 꿈틀거린 정형시의 시적변용. 심성보 동시조집. 한밭아동문학. 제15집. 2014
32. 전통적 민속놀이가 승화된 동심의 미학. 박근칠동시조집. 한밭아동문학. 제16호. 2015
33. 꽃숨결로 대응. 상징미학을 추구한 동심의 접근. 최숙영 동시조집. 한밭아동문학. 제17호. 2016
34. 끈질긴 삶의 감동화로 엮은 동심의 미학 - 박순희 시조집 깨끼바느질 - 한밭아동문학. 제18호. 2017
35. 윤회사상으로 변형되는 동심의 미학-신미경 시조집. 아버지의 자전거. 한밭아동문학 제19집. 2018

▌관촌(冠村) 문학등단 추천작가 총람

1. 이광렬(1936~1997) 시조문학 1994(봄호)_「당신」. 시조문학 1995(봄호)_「계룡산」
2. 서영자_현대시조 1995(여름호) 제23회 신인상 「낙엽」 추천.
3. 채정순_아동문예 1994(4월호) 심사평 「바람개비는 바람을 좋아하나봐」 동시 추천
4. 정병도_아동문예 2001(12월호) 심사평 「자신만의 목소리로」 제150회
5. 채정미_아동문예 2003(10월호) 심사평 「신인다운 패기로」 제172회
6. 이기동_아동문예 2004(4월호) 동시 안내 「벽시계」 「아침해」 제178회
7. 김정숙_아동문예 2005(1월호) 심사평 「동시조의 생명은 형식미」 제187회
8. 상동규_아동문예 2005(7월호) 심사평 「동심으로 반죽되는 시적 변용」 제193회
9. 가재순_아동문예 2005(9월호) 심사평 「진실성의 원형을 찾는 동심」 제195회
10. 김 숙_아동문예 2006(7월호) 심사평 「상상력을 일깨우는 동심의 접근」 제204회
11. 김현호_공무원문학 2006(여름호, 시조부문) 심사평 「간결미로 반죽되는 시적변용」

12. 박정식_아동문예 2006(12월호) 「숨바꼭질」 서평 「슬기를 일깨우는 시」
13. 권영국_아동문예 2008(11~12월호) 심사평 「품안 같은 여유로움의 동시조」 제221회
14. 윤황한_아동문예 2008(11~12월호) 심사평 「품안 같은 여유로움의 동시조」 제221회
15. 홍오선_아동문예 2009(11~12월호) 심사평 「꿈결 같은 동시조의 즐거움」 제227회
16. 한영필_아동문예 2009(11~12월호) 심사평 「꿈결 같은 동시조의 즐거움」 제227회
17. 문복선_아동문예 2010(7~8월호) 심사평 「하얀 마음결을 다듬는 아이들의 노래」 제231회
18. 채정순_아동문예 2010(9~10월호) 심사평 「어린이들의 지극한 애정」 제232회
19. 신현창_아동문예 2010(11~12월호) 심사평 「자연의 신비성을 노래한 동심세계」 제233회
20. 김장수_아동문예 2011(3~4월호) 심사평 「꿈세상에 펼친 글꽃」 제235회
21. 김용진_아동문예 2011(3~4월호) 심사평 「꿈세상에 펼친 글꽃」 제235회
22. 석성환_아동문예 2012(3~4월호) 심사평 「꿈이 열리는 나무」 제241회
23. 김옥자_아동문예 2013(7~8월호) 심사평 「천리향 같은 글꽃」 제249회

24. 심성보_아동문예 2013(9~10월호) 심사평 「생동감이 꿈틀거리는 햇살밭」 제250회
25. 이희규_아동문예 2014(1~2월호) 심사평 「즐거운 꿈길속에 흥얼거린 콧노래」 제252회

▋관촌 거주지 이동 상황

° 고향을 떠나 근무지를 옮겨 다녔고 동생이 중앙대학교 약학대학에 진학해서 등록금을 부모님과 함께 부담하게 되었다.
° 1969년. 3. 1. 충남 서천군 판교면 판교리70번지로 이사
 판교초등학교 전근되어 1학년 1반 담임
° 1970. 3. 1 충남 서천군 장항읍 성주동으로 이사
 장항초등학교 1학년 4반 담임
 석달 동안 살다가 충남 서천군 장항읍 화천동 172번지로 이사
° 1972년 논113평을 처음으로 쌀60가마니(80kg)주고 구입, 물꼬선생으로 유명했고 농사짓기를 하였다. 연탄, 전화 없이 생활
° 1976. 6. 6. 농약을 살포하다가 농약 중독되어 논두렁에 쓰러져 저승관광을 갔다 왔다. 강인구(姜寅九)교장이 구세병원에 입원시켜 주었고 4시간 만에 깨어남.
° 1986. 3. 1 대전용전초등학교로 전근, 3학년 11반 담임, 쪽반교실에서 76명까지 담임했었다. 교실 한칸이 20평, 복도 5평, 쪽반 10평, 책상 2줄 24개, 숙제검사가 힘들었다. 책상 옆에 가방을 매달면 좁아서 다니기도 어려움.
° 대전직할시 용전동 135-2번지로 이사

아버님(1912~1986) 어머님(1910~1992) 부모님이 천국으로 가셨고 가정에서 장례를 모심.
- 1988. 5. 15 대전중리초등학교로 전근
- 1993. 3. 1 대전유천초등학교로 전근 6학년 10반 담임
- 1995. 3. 1 대전양지초등학교로 전근
- 2001. 2. 28 대전양지초등학교 교감 퇴직
- 2001. 5. 1 보령시 개화초등학교 기간제 교사로 근무
- 2006. 6. 15 대전광역시 유성구 지족로 362(반석3단지아파트) 304동 101호로 이사, 우리집 우편번호 34076으로 변경되었다.

▌지역사회 봉사활동

1. 제16대 국회의원선거(2000. 4. 13)
  대전광역시선거관리위원회,
  대전광역시 동구 용전동2투표구 선거관리위원장
2. 제3회 전국동시지방선거(2002. 3. 13)
  대전광역시 동구 용전동 2투표구 선거관리위원장
3. 제16대 대통령선거(2002.12.19.)_8,300세대 23,240명 남자 11,665명, 여자 11,575명, 31개통 146개반.
  대전광역시 동구 용전동2투표구 선거관리위원장
4. 제17대 국회의원선거(2004.4.15.)
  대전광역시 동구 용전동2투표구 선거관리위원장
5. 대전광역시 동구청장 재보궐선거(2004.6.5.)
  대전광역시 동구 용전동2투표구 선거관리위원장
  대전동아공고체육관 투표함 운송책임자

이든기획시선 007

김창현 정형시집

한국누정시조 韓國樓亭時調

2018년 2월 9일 초판 1쇄 발행
지은이 | 김창현
펴낸이 | 이영옥
편 집 | 김보영
펴낸곳 | 도서출판 이든북
등 록 | 제2001-000003호
주 소 | (우34625)대전광역시 동구 태전로 43-1
          (중동. 의지빌딩) 201호
전화번호 | (042)222-2536
팩시밀리 | (042)222-2530
전자우편 | eden-book@daum.net

ⓒ 김창현.2018

ISBN 979-11-87833-40-6 03810
값 12,000원

* 이 책 내용의 전부 또는 일부를 재사용하려면
반드시 지은이와 이든북 양측의 동의를 받아야 합니다.
* 지은이와 협의에 의해 인지는 생략합니다.
* 잘못 제작된 책은 바꾸어 드립니다.